A VOUS DE JOUER

Edwige Feuillère

A VOUS
DE JOUER

Entretiens avec Jean-Jacques Lafaye

Albin Michel

ISBN : 2-226-10576-X

Le théâtre

Il y a trois mille ans que, rassemblés sous le ciel d'Epidaure et dans toutes les villes de l'Antiquité, et plus tard sur nos places publiques, sous les chapiteaux et dans les ateliers, des foules qui avaient longtemps cheminé, qui avaient dormi sous les étoiles, attendaient, et attendent encore aujourd'hui, ce miracle :

Voir vivre et agir leurs contemporains, si semblables à eux et si différents, magnifiés par l'amour, la souffrance, la guerre et la mort – le pain quotidien, quoi !

Qu'est-ce qui pourra jamais remplacer la joie collective du spectacle, quand des milliers d'hommes et de femmes, coude à coude, tous leurs sens aux aguets, au même moment, pleurent ou rient ensemble à cette image d'eux-mêmes que leur tend le théâtre.

Le théâtre n'est pas forcément LA vérité : il est l'aspect le plus fascinant, le plus vulnérable d'UNE vérité,

l'existence de l'humain.

Message d'Edwige Feuillère
pour la 19ᵉ Journée Mondiale du Théâtre,
Palais de l'Unesco, Paris, 27 mars 1980

Chapitre I

RENCONTRE D'UNE INCONNUE

Ce que nous avons donné glisse entre
nos doigts dénoués, comme de l'eau,
comme de la cendre : un instant notre
paraphe de phosphore éclaire et réchauffe
ceux qui savent le contempler, puis tout
retombe dans la nuit et l'oubli, nous
sommes des artisans de l'éphémère.

Edwige... un nom qui est « comme du vent sur la neige », a écrit Julien Green. D'où vous vient-il ?

Oui, je m'appelle Edwige. C'est mon nom, j'en suis fière !

Edwige fut la première reine de la chrétienté. Son nom a été donné à la cathédrale de Berlin. Elle évoque et représente la chrétienté de toujours. Ainsi, toute la littérature et la poésie du monde sont attachées à ce nom ! Elle était jeune, belle : le nom d'Hedwig devint, par la grâce des chrétiens de ce temps, le synonyme de la perfection féminine.

Je m'étonne de l'ignorance ou du manque d'intérêt des chrétiens d'aujourd'hui pour la femme et la reine parfaite qu'elle fut... Thomas Corneille a écrit sa première biographie française sous le titre de *Hedwig, reine des Lombards*. Elle était adorée, vénérée pour la perfection de sa vie religieuse, le souci qu'elle avait de faire partager sa spiritualité.

Reine du Nord, sa présence, son rayonnement, sa beauté, sa bonté, sa pureté et sa magie ont été connus par tout le monde occidental naissant. Les peuples de Lombardie la sanctifièrent comme un emblème de toutes les vertus, et la tradition des anciennes familles voulait que naisse une Edwige dans chaque génération, en mémoire d'elle. C'est ainsi qu'après tant d'autres enfants d'origine lombarde à travers le temps, j'ai reçu mon nom.

Sainte Edwige, le vent du grand Nord et le soleil de la Foi !

Depuis l'enfance, vous êtes restée l'Inconnue, l'Etrangère : comment cela ?

Ce sentiment m'a poursuivie en effet depuis toujours, et je ne pensais pas qu'un jour quelqu'un oserait me poser cette question...

Je n'ai pas le goût de raconter ma vie, je ne crois pas d'ailleurs l'avoir vécue, plutôt l'avoir rêvée.

Mais c'est le récit de la guerre de Troie que vous allez imposer à vos lecteurs !

Tant pis pour eux, tant pis pour moi surtout, qui tenais tant à rester une enfant à la fois bouillonnante intérieurement et fugueuse, et à garder à jamais cet esprit d'enfance.

Depuis toujours je n'ai pas d'identité précise. Voilà pourquoi...

Après la deuxième faillite de mon père, Guy Cunati – brillant ingénieur, formé à Milan –, qu'il accepta d'ailleurs allègrement, mon admirable grand-mère maternelle, lorraine, fit vendre tout ce qu'elle possédait, plutôt tout ce qui lui restait de la première expérience paternelle, y compris sa vieille maison à laquelle elle était tellement attachée, et

14

obtint ainsi que le nom de Cunati ne figure plus sur les registres de mise en faillite.

Elle trouva un petit village au-dessus de Dijon et, complètement ruinée, s'y installa avec ma mère et moi.

Je grandissais, ce village de Talant était loin de tout, et un jour elle me présenta dans une proche école catholique très « chic » qui fit beaucoup de difficultés pour inscrire cette petite au nom exotique et sans baptême. Devant la grande dignité et l'insistance, on finit par m'accepter tout en précisant que cela devait rester secret. Après m'avoir fait un long discours on me fit comprendre que je ne ferais jamais partie de cette élite chrétienne ; on me tolérerait mais je ne devrais jamais dire mon nom d'« étrangère » et bien entendu je ne ferais jamais réellement partie de la classe.

L'autoritaire et imposante directrice me soumit à un interrogatoire en me posant certaines questions extrêmement déplaisantes. Elle me dit que je n'aurais jamais le droit de porter l'uniforme, si joli, si élégant, et que je devrais me contenter d'une petite robe grise très modeste. Que je serais exclue de toutes les cérémonies et si jamais un personnage important demandait qui était cette petite, on devrait répondre : « Je ne sais pas, une pauvre gosse !... » J'étais réduite à l'incompréhension, à l'idiotie, et au mutisme surtout...

Et j'en étais ravie car je jouais un rôle, le premier rôle de ma vie.

Ma chère grand-mère, entre-temps, et avec des relations solides, m'avait fait accepter au lycée de Dijon. Mais l'habitude était prise, alors... Là, je continuai à jouer un rôle qui amusait beaucoup mes nouveaux professeurs, mais j'étais restée pour toujours une EXCLUE.

Exclue, oui ! C'est ce qui m'a donné cet éloignement qui a fait de moi une spectatrice perpétuelle qui peut témoigner. J'ai connu les hauts et les bas de ce siècle, ses crises, ses guerres et ses plages de bonheur et de tranquillité.

J'ai été une actrice de *La Semaine de Suzette* puis je suis devenue celle du *Temps,* du *Figaro* et de *L'Humanité,* côtoyant ainsi tous les événements, bons ou mauvais, exaltants ou démoralisants, qui ont fait ce siècle.

Je ne suis ni une historienne ni une journaliste ; je voudrais intéresser ou amuser simplement, ou même laisser indifférent, je m'en moque !

Exclue, exclue... mais non résignée : « Je ferai du théâtre ou je ne ferai rien ! Rien, rien, rien... »

J'avais tellement rêvé de la France, de la belle langue française, j'avais tant pensé aux beaux mots français ! A dix-huit ans, je demandai la nationalité française dont on me fit le plus beau cadeau de ma vie. J'étais française, citoyenne de France ! Française, française, française !

Cette même année, le maire de Dijon, maître Gaston Gérard, créa la foire gastronomique. Il fit une très jolie conférence pleine d'humour et de tendresse, et instaura un concours pour distinguer le plat le plus original. Il avait adoré le théâtre, avait voulu être acteur lui-même... Il me décerna le prix pour mon invention : un canard aux anchois.

J'ai eu donc le double privilège d'acquérir la

nationalité française sous le signe de mes dons artistiques et culinaires.

Vive la France et le « canard aux anchois » !

Il y a eu un grand Noël dans votre jeunesse...

J'avais dix-huit ans.

Mon père, catholique sincère, avait songé à être prêtre mais, après mûre réflexion, il avait changé son fusil d'épaule, si l'on peut dire...

Ma mère, protestante, était enfermée dans la raideur, toujours vêtue de noir ; je crois que je ne l'ai jamais vue sourire.

Ici je dois témoigner que le clergé du XIXᵉ siècle était aberrant. A Vesoul où ils voulaient se marier, mes parents avaient eu affaire à une sorte de vague curaillon qui avait refusé grossièrement de célébrer leur union à l'église, car le fait d'épouser une protestante lui semblait une véritable injure à sa condition supérieure et toute-puissante qui, il faut bien le dire, soumettait les croyants à une sorte de police judiciaire. Ces fonctionnaires de la foi, préfets de la conscience et pensaient-ils aussi de l'âme, ne connaissaient pas très bien la signification de ce mot : âme. Souhaitons que ces temps aient disparu pour toujours !

Le pasteur Gambier, quant à lui, estimait ma mère et venait régulièrement échanger avec elle de graves propos.

Un jour, il lui confia qu'il avait besoin d'une voix pour chanter « Minuit, chrétiens » à la messe de Noël. D'emblée, elle accepta, mais immédiatement il lui fit comprendre qu'il voulait une voix jeune, plus fraîche que la sienne, et qu'il pensait à moi pour chanter ce soir-là. Ma mère, un peu pincée, répondit : « Essayez. »

J'ai trouvé tout à fait naturel de répéter à l'orgue : « Minuit, chrétiens, c'est l'heure solennelle où l'homme Dieu descendit jusqu'à nous pour effacer la tache originelle et de son Père apaiser le courroux... » Tout à coup, le soir du 24 décembre, un sentiment de puissance et d'autorité m'a envahie.

> « Minuit,
> Chrétiens, c'est l'heure solennelle
> Où l'homme Dieu descendit jusqu'à nous,
> Pour effacer la tache originelle
> Et de son Père apaiser le courroux :
> Le monde entier tressaille d'espérance
> A cette nuit qui lui donne un Sauveur
> **Peuple, à genoux,** attends ta délivrance... »

Peuple, à genoux... Ma voix s'est enflée, j'étais littéralement emportée, aspirée par le ciel, en lévitation. J'avais la sensation que quelqu'un me tirait par les cheveux vers le haut.

Le pasteur a compris, et c'est lui qui a demandé à mes parents de me laisser venir à Paris où, grâce à lui, j'ai été accueillie à l'Union chrétienne de Jeunes Filles, organisme protestant, sur le chemin de mes études de future actrice. Nous y vivions une vie exemplaire. Chaque soir, lecture et commentaires de la Bible suivis d'une prière dite en commun.

Il y avait de tout, de toutes les couleurs, notamment une Guadeloupéenne, apprentie couturière qui m'habilla de pied en cap pour mon concours de sortie du Conservatoire, où mon élégance fut pour la première fois signalée par les gazettes.

La divine Bartet, membre du jury, vint à moi pour m'embrasser dans un nuage de parfum et de voilettes. Ma vocation rencontrait l'approbation...

Un miracle ?

Il n'y a pas de miracle. Il y a le rêve de toute une vie.

J'ai été et suis encore une rêveuse éveillée. Le théâtre... rien que le théâtre, jusqu'à la fin, je resterai une rêveuse éveillée.

Les mémoires d'actrices ne veulent pas dire grand-chose, parce qu'il faut connaître ce moment où le frémissement de l'âme gagne le public et où il nous rend tout ce que nous lui avons donné, comme une bouffée d'amour qui monte vers nous.

C'est en cela que nous sommes des monstres, sacrés ou pas, mais quand même nous profitons d'un don pour donner une sensation. C'est exactement comme un amour : le don de nous-même engendre le don des autres, et c'est l'échange.

Cette communication merveilleuse que j'ai aimée toute ma vie, négligée parfois.

J'ai joué des choses légères, ou sans grande signification, j'ai tout fait.

19

A vous de jouer

Et même débuté à la Comédie-Française ?

En effet, après un premier prix de comédie à mon dernier concours du Conservatoire, trois jours plus tard j'ai été convoquée par l'administrateur de la Comédie-Française, M. Emile Fabre.

Il m'accueillit chaleureusement et, d'une voix forte, surtout fortement timbrée d'accent méditerranéen, me demanda d'emblée :

« Qui s'occupe de vous ?

– Personne.

– Alors ce sera difficile pour vous. »

Puis il dit :

« Venons-en à l'essentiel. Il faut changer de nom, mon enfant. On ne s'appelle pas Edwige Cunati : avez-vous pensé un instant aux fines plaisanteries qu'un nom pareil pourrait inspirer ? Cu... Cu... Cucunati, ce n'est pas possible !

– C'est pourtant mon nom. »

Il lit :

« Edwige, Louise, Caroline Cunati, épouse Feuillère. C'est vrai ?

– Oui, je suis mariée depuis un an.

– Mais voilà ce qu'il fallait ! C'est joli, c'est léger. Vous vous appellerez Edwige Feuillère !

– Je dois demander, ajoutai-je, l'autorisation de mon mari. »

Il décrocha immédiatement le téléphone. Pierre accepta, sans se douter combien il pourrait le regretter un jour et en souffrir.

C'est ainsi que je dois mon nom à ce M. Fabre si bon pour moi. Il reprit :

« Vous ferez vos débuts officiels le 2 novembre.

20

– Mais c'est le jour des Morts !

– La salle est presque toujours vide ce soir-là. J'espère que votre récente popularité incitera quelques personnes à venir voir Edwige Feuillère. »

Il s'ensuivit que le 2 novembre, après huit jours de répétitions avec des acteurs qui frôlaient la soixantaine et répétaient pour la énième fois sans y mettre beaucoup de conviction, à part Mme Cécile Sorel qui tout de suite m'adopta, je fis mes débuts.

Après cette première soirée à la Comédie-Française, en rentrant seule chez moi – mon mari étant acteur en tournée pour gagner notre vie –, j'ai découvert que l'argent était le mal du monde. Comment vivre avec les 900 francs accordés aux jeunes pensionnaires ? Même en 1931, c'était peu... Comment résister aux propositions alléchantes de participation à des films que j'ai regrettés par la suite ? Comment résister au cinéma qui m'offrait déjà des cachets dix fois supérieurs pour une semaine ? Le matérialisme, ô combien nécessaire pour la jeune actrice désargentée que j'étais, me rattrapait.

J'ai eu le sentiment que cela pouvait entamer mon idéal de théâtre. Mais, paradoxalement, cette « perte de pureté » m'a révélé la découverte de la « capitalisation » de mes dons. C'est le passage naturel de l'enfance pauvre, difficile, à l'adulte responsable.

Ma vie a été belle, pleine, avec beaucoup d'erreurs, beaucoup de mauvais choix, je me suis laissée aller à des pulsions, des impulsions aussi, je ne sais si j'ai fait bien ou mal. Je n'ai jamais rien sollicité, rien demandé, pas plus pour mes contrats que pour les rôles qui m'ont été proposés, et que parfois j'ai refusés sottement. Certainement, j'ai privilégié ma carrière théâtrale par rapport à ma carrière cinématographique, car je suis d'abord et avant tout une actrice de théâtre.

Vous êtes pourtant devenue une « vedette de cinéma » ?

Qu'est-ce que ça veut dire, une vedette ? C'est un mot que je déteste. Il est minimisant.

Actrice, comédienne, interprète, oui. Vedette, non. Vedette... un mot qui a tant de sens différents, un mot passe-partout, employé par n'importe qui pour n'importe quoi. On est aussi bien la vedette d'un crime que celle d'une soirée ou d'un meeting.

Dans des lettres retrouvées chez vous, l'admiration côtoie la passion...

Vous avez réveillé des gens qui dormaient depuis longtemps, que j'avais oubliés.

Ainsi, cette femme de Boston arrivée un jour à Paris, me connaissant à peine mais qui m'avait écrit durant des années. Elle ne parlait pas un mot de français. J'ai compris qu'elle avait quitté sa famille, vendu son appartement et dit à ses deux filles qu'elle allait enfin vivre. Pendant les mois où elle vécut à Paris, elle vint tous les soirs au théâtre, au premier rang, me voir.

Il y a eu aussi cet homme qui était fou de moi, vraiment fou, qui m'écrivait : « Ma petite chérie, veux-tu m'épouser ? » Quand il m'a maudite et envoyé une photographie de sa mère sur son lit de mort, en me disant : « C'est toi qui l'as tuée ! » j'ai fini par donner ses lettres à un psychiatre qui l'a suivi jusqu'à la fin de sa vie.

Je n'ai jamais eu le sens des réalités. Je ne sais pas à quel monde j'appartiens. Ma propre vie n'a pas de réalité, sinon celle des rôles que j'ai joués, et j'en ai joué d'admirables.

Mon ami Pierre Raynal, qui fut aussi celui de Maria Casarès, me disait toujours que l'ordre normal était la pensée d'abord qui déclenchait le geste mais, chez moi, d'instinct, *le geste* précédait parfois la pensée. Combien de fois ai-je constaté qu'un geste de ma main déclenchait une pensée, l'exprimait, alors que ce devrait être l'inverse.

Où trouver plus belle illustration de ceci que le geste, lors des obsèques de Fellini, de Giuletta Massina levant sa main au passage du corps de son mari, en un dernier adieu, sa petite main immobile, ouverte sur son chapelet ? C'était bouleversant.

J'ai toujours pris le temps d'« écouter le silence avant de parler », inconsciemment au début, puis j'en ai fait ma méthode ; j'entendais ma voix dire les phrases avant moi et je la suivais, elle me conduisait.

L'écoute des voix intérieures ?

Oui. Toute ma vie j'ai été quelqu'un d'autre. Probablement avais-je à me cacher, à cacher quelque chose. Je ne me suis jamais livrée. On connaît beaucoup de choses de moi, du moins croit-on les connaître, mais je n'ai fait de confidences à personne.

Quelque chose non à cacher, mais à protéger ?

Peut-être. J'ai eu l'impression que ce que je représentais valait mieux que ce que j'étais, en toute humilité. J'ai connu des moments de bonheur extraordinaires, de grandes souffrances et de grandes douleurs, je n'en ai jamais fait étalage.

J'avais un regard, aussi. J'avais le goût des peaux, des voix, de tout ce qui est sensuel. Et puis, un toucher. Mes mains étaient toujours très présentes. Je prenais les choses et les êtres à bras-le-corps et j'en faisais mon corps à moi. Un don, une vocation ? C'est difficile...

... de se sentir un instrument ?

Un **instrument,** oui. Cela me comblait.

Mais on ne peut pas vous confondre. Malgré cette diversité de visages que vous avez offerts, vous êtes ressentie comme unique...

Non, je ne suis pas unique. J'ai gardé mes caractéristiques, mes qualités et mes défauts, dont ma sauvagerie, car je suis un être très timide... et pourquoi pas ma bonté aussi, on n'en a pas parlé, et c'est une grande qualité ! Il y a en moi un désir de perfection ; de mon être propre, pas seulement de la comédienne. De la femme et de l'être humain que je suis.

Vous avez toujours eu le goût d'unir ce qui était désuni, de vouloir donner et même de secourir, d'intervenir pour le bien ?

Il y a également un désir de dominer. Il faut être juste ; puisque vous parlez des qualités, il faut aussi parler des défauts. Instinct de protection ? A douze ou treize ans, je suis devenue le père et la mère de mes parents. Je l'ai raconté dans un livre, *Les Feux de la mémoire,* qui n'est pas tant un livre d'actrice que celui d'une enfant qui a aimé ses parents, veut qu'on le sache et entend les faire aimer. C'est un témoignage humain.

Cette obligation familiale vous a apporté de la force ?

Oui, cela m'a donné une colonne vertébrale. J'étais très jeune, c'était après la guerre de 14, le moment où ma mère a voulu se tuer et où je l'ai sauvée. Elle avait découvert, elle si prude, que mon père, très volage, la trompait avec une de ses collaboratrices. Désespérée, elle avait avalé des cachets, et j'eus l'instinct salvateur de lui faire boire et boire du lait glacé, jusqu'à ce qu'elle se débarrasse de ses poisons...

Le fait d'être tenue de m'occuper d'eux a beaucoup compté. Ils l'ont accepté très simplement comme si c'était une chose évidente. Cela m'a valu une solidité renforcée, le bonheur de m'occuper des autres, de savoir qu'on avait besoin de moi, de me rendre utile.

Et vous êtes devenue une légende vivante !

Légende... C'était le titre d'un livre anglais : cinq femmes de qualité se réunissaient chaque année pour parler d'une sixième, femme brillante appelée Constance, qui avait été leur amie ; cinq femmes absolument différentes. Tant qu'elle vivait, Constance était la même pour toutes. Après sa mort, avec le recul du temps, elle était devenue une autre pour chacune, entrée elle aussi dans la **légende,** par sa mort.

On ne connaît pas la trace que l'on inscrit.

Aujourd'hui, l'admiration vous touche encore ?

Oui, cela m'apporte quelque chose de très doux d'être aimée... Je suis reconnaissante à ces admirateurs parce qu'ils me rappellent mes vingt ans, mes trente ans, mes quarante ans, mes cinquante ans, et ils me le rappellent d'une manière très gentille, chacun se souvient de moi dans un rôle, chacun me renvoie à une image différente de moi. Solitaire, on a souvent dit que j'étais distante, et c'est vrai que je le suis un peu, c'est un de mes défauts. Je n'aime pas la familiarité immédiate, il me faut du temps...

Là, votre nature et votre vocation se rejoignent l'une l'autre : c'est à la fois le partage et la distance...

Oui, un instinct du partage que les autres devinent, et la distance qui me tient, une et multiple.

C'est pourquoi je ne suis pas une, je suis deux, ou trois, ou quatre, ou cinq. Parce que je suis toujours multiple, je ne suis jamais un seul personnage. Mais j'ai eu d'abord dans ma vie l'amour des enfants, qui m'ont adorée, c'est vrai. Encore maintenant j'ai du succès avec eux, c'est merveilleux ! J'ai eu cette année deux ou trois flirts très poussés, avec des petits enfants.

Là, le regard compte autant que le mot.

Les mots pour vous se confondent avec la substance de la vie ?

Un seul mot suffit pour tout changer. Des mots historiques sont très beaux. On trouve aussi dans les langages étrangers, dans les patois, des beautés extraordinaires. Mais quelle langue parlons-nous maintenant, voulez-vous me le dire ? C'est un langage technique, un langage commercial. Quant au langage des quartiers populaires, il a complètement perdu la saveur du bon vieil argot. Le langage tronqué et syncopé de certains jeunes donne la nostalgie d'un parler imagé qui n'existe plus.

Dans mon enfance, j'étais persuadée que ma mère parlait deux langues, une pour les petits enfants et une autre pour les grandes personnes, que je ne comprenais pas. Il y avait une langue rude, le patois alsacien, et une langue douce, le français. Quant à mon père, il parlait français très bien, sans accent, mais il avait parfois des interlocuteurs lombards avec lesquels il s'exprimait en meneghin. Le meneghin et le patois alsacien, rendez-vous compte quel mélange cela peut faire !

L'opposition que cela crée, à quel point cela m'a ouvert l'oreille, élargi mon écoute... A sept ans je disais une poésie – « La biche pleure à se fondre les yeux... » – devant mes parents intrigués et inquiets d'un poète qui se cachait sous le nom de Maurice Rollinat mais était déjà connu, par ailleurs, pour ses œuvres érotiques...

C'est étrange car, en avançant dans la vie, mon oreille droite, qui en principe n'existe presque plus, perçoit les sons surtout la nuit. Cela pour dire à quel point la sonorité est pour moi importante, et dans toutes les langues !

C'est toujours un mystère vivant !

Comme une « première » au théâtre ?

Je me souviendrai toujours de la première de *Partage de midi* en décembre 1948. Tous les académiciens français occupaient les premiers rangs, avec plusieurs personnages régnant à ce moment-là : la reine de Belgique, un prince italien, et d'autres, enfin, ce que l'on appelle une salle de gala. Je suis retournée voir Alain Delon à Marigny, le même théâtre, dans les *Variations énigmatiques* d'Eric-Emmanuel Schmitt un dimanche en matinée, et il a eu un geste qui m'a beaucoup touchée. Francis Huster et lui ont été très applaudis, et au dernier rappel Delon a dit : « Elle est là ! » Et il m'a désignée. Toute la grande salle de Marigny s'est levée et on a commencé à m'applaudir. J'étais tellement heureuse, parce que cela prouvait qu'on ne m'avait pas oubliée... Oui, c'était un moment extraordinaire, si spontané !

Le critique anglais Harold Hobson, le premier, vous a reconnue comme « la plus grande actrice du monde ». Cette couronne britannique, qu'a-t-elle représenté pour vous ?

Un signe d'universalité, d'abord. Mon nom s'est répandu partout, mon image aussi à travers le film et la photographie. Et puis il y a les auteurs de tous les pays, que j'ai interprétés : Arthur Kopitt, Edward Albee, Tennessee Williams, Luigi Pirandello, Ugo Betti, Uzigli, Somerset Maugham et tant d'autres.

Si l'on évoque votre « responsabilité », à quoi pensez-vous ?

Ma responsabilité est d'avoir été choisie... J'ai accepté parfois ce qu'on appelle des navets, mais j'ai eu la chance que des grands poètes tels que Giraudoux, ou Cocteau, ou Claudel et d'autres me demandent en même temps ou presque d'être leur interprète. Cocteau était tellement séduisant dans la vie, Giraudoux était glacial mais charmant quand même, et Claudel, c'était la merveille des merveilles ! Avez-vous lu sa *Mystique des pierres précieuses,* et la *Cantate à trois voix* que je voulais tellement jouer ? Vous voyez, on n'a pas tout ce que l'on souhaiterait avoir dans la vie – ce serait trop beau. La *Cantate à trois voix,* vous imaginez cela...

L'acteur porte en soi sa propre musique, qui est celle des paroles de l'auteur enrichies de sa propre sensibilité. Il y a une musique des textes faite de l'impulsion initiale, l'inspiration, simplement, qui dicte à l'auteur le choix du mot, sa place dans la phrase, et même le silence qui compte autant qu'en musique. Le point d'orgue est un repos et une attente.

Il y a des voix musiciennes ; on dit, de telle actrice, qu'elle a une voix de violon, ou de violoncelle. Certaines voix sont cuivrées et martelées. Il y a, comme en musique, l'émission frappée et l'émission pincée, piano ou cordes. Nos cordes vocales si particulières apportent leur accent et leur musique à un texte.

Je pense à Marguerite Jamois qui fut une grande comédienne, à l'étrange diction à la fois mélodieuse et martelée. Comme un admirateur lui demandait si elle savait chanter, elle eut cette réponse : « Non, sauf quand je parle. »

Il y a trois ans à peine vous étiez sur la scène, et chaque jour maintenant vous lisez, vous travaillez, vous vous promenez...

Il est évident que lorsqu'on vieillit, on souffre physiquement, on n'a pas cette aile... Moi, j'étais quand même une cavale, et j'avais de la force en moi ! Maintenant je ne pourrais plus jouer les rôles que j'ai joués.

Vous parlez de mes lectures : je suis une grande « liseuse » ! Je pense maintenant aux cinq livres de Troyat, *La Lumière des justes*. Il est un grand romancier. Il faut lire ce récit de toute son enfance en Russie. Il n'a jamais accepté d'y retourner, c'est le seul cas. Il affirme : « Ma Russie à moi est là, dans mon cœur, je suis français maintenant, un écrivain de langue française, je ne retournerai pas... » Je trouve cela une attitude noble et belle. Soljenitsyne, c'est un autre destin...

Ils étaient passionnants, les Russes blancs ! Le cinéma leur doit presque tout : maquilleurs, acteurs, metteurs en scène, techniciens. Les vents d'est ont poussé vers nous ces créateurs. Ils sont presque tous restés, quelques-uns sont partis ensuite aux Etats-Unis. La première étape était Berlin, puis Paris, et ensuite New York et Hollywood.

Votre imagination presque insatiable, elle est indispensable à l'art de jouer ?

L'imagination aide à vivre, elle change les couleurs d'heure en heure. Aux tristes, elle donne de la gaieté, aux vilains un peu de beauté. Oh, tout est de la pensée ! Tout vient de la pensée.

Quand ce n'est pas une pensée, c'est une sensation qu'il faut transformer en pensée, ou une pensée qu'il faut transformer en sensation, quand on est acteur. Tout cela est clair, simple...

Pour jouer, il faut avoir un ventre, un cœur, des sens, de l'esprit, il faut aussi de l'intelligence, enfin cela vaut mieux !

Il y a des imbéciles qui jouent la comédie admirablement, par instinct. Et qui ne pensent pas une seconde à ce qu'ils font ou à ce qu'ils disent, et ils sont convaincants.

Il faut s'incliner devant ça.

Vous témoignez pour la force du rêve ?

Je rêve beaucoup encore et j'ai des moments extraordinaires, des nuits blanches qui ne restent pas blanches. Elles sont de toutes les couleurs, parce que j'ai tout de même passé beaucoup d'années en vie, presque un siècle. Je crois que les souvenirs et les amitiés ne me parlent que du bon maintenant, parce que je ne suis plus un danger pour personne !

Au contraire, je suis très conciliante, très positive.

Je déteste l'intolérance, la sûreté de ceux qui s'obstinent à déclarer : cela est blanc, cela est noir ; pour moi c'est épouvantable. En maintenant cette ouverture d'esprit que j'ai toujours eue, je me préserve de toute forme de sectarisme.

Un certain refus de la certitude ?

Précisément. Mais je ne donne de conseils à personne, et je ne me cite pas du tout comme un exemple, vraiment. Souvent on me dit : « Ah, vous êtes un exemple ! » Mais il n'y a pas d'exemple, chacun va son chemin.

La vie est un voyage ?

Il y a des moments où l'on piétine, parce que l'on n'est pas heureux de la vie que l'on a, fatigante, exténuante, mais ils sont vite oubliés. Il y a aussi des moments où tout d'un coup une maladie grave vous surprend, il faut lutter pour essayer de se défaire de ce mal physique... J'ai vécu, voilà c'est tout. Et voyagé, oui. Ephèse a été une grande émotion pour moi, j'y suis retournée...

C'est là que la mère du Christ a vécu, dit-on ?

Près d'Ephèse, sur une colline, il y a une toute petite maison, sa maison, très modeste, c'est très émouvant. Toute l'Histoire sainte est là, saint Paul à Ephèse... cette ville qui a été tellement détruite et reconstruite, Corinthe et son canal, son histoire :

on voit les plages où se sont baignées les fameuses courtisanes...

Ma mémoire est intacte des récits qui m'ont émerveillée dans ma jeunesse. J'ai lu avec joie, à treize ou quatorze ans, *La Chrestomathie du Moyen Age,* un livre admirable qui m'a fait rêver aux Croisades. Je dois l'avoir encore quelque part. Dès mon plus jeune âge, je me suis intéressée à des histoires liées au voyage. Au lycée, j'avais eu un premier prix de composition française – son thème était : « Quel personnage historique aimeriez-vous avoir été ? » Reine d'Egypte, tout simplement ! Je venais de lire un ouvrage sur l'égyptologie, j'ai fait un très beau devoir qui a été lu devant la classe, etc. Et naturellement on a dit : « Tu ne te prends pas pour rien ! »

Déjà une prédestination d'actrice royale ?

J'ai aimé, d'instinct, toute petite, ce qui était beau, ce qui était bon, comme le salami que mon père me mettait dans la bouche, des rondelles que je mangeais en cachette de ma mère, tout cela était savoureux... Un bon fruit me fait rêver ! Je ne sais pas si j'ai été une créature particulière, mais j'étais faite pour la vie et pour une vie différente, riche, large.

Si j'ai l'impression d'avoir vécu si longtemps, et tout vu, ou presque, de ce siècle, c'est grâce à mon père. Il me juchait sur ses larges épaules quand j'avais quatre ans, pour que je voie, que je sente, que j'écoute le temps. Grâce à lui, j'ai assisté, très petite, à des événements sportifs : envols de bal-

lons, courses automobiles, courses de chevaux :
« Regarde le monde grandir », me disait-il.

Comme s'il voulait me préparer à témoigner un jour.

Chapitre II

LE CHANT DE LA MÉMOIRE...

Merci à Jean-Luc Tardieu qui m'a aidée à la retrouver !

Le metteur en scène Jean-Luc Tardieu a été avec moi, d'abord, extrêmement courtois. C'est un homme qui sait vivre, vivre bien.

Dans son Théâtre de Nantes, saison après saison, il a fait surgir des merveilles. J'aime sa rigueur passionnée, son art de servir un unique interprète au cœur de la scène, transfigurée par le respect de son regard.

Je n'ai rien fait pour faciliter le moindre rapprochement, ma nature sauvage m'empêchant de me livrer au début de toute relation. Je l'ai tout de suite prévenu : « Mes parents n'ont rien pu me donner, qu'une morale. »

Peu à peu, je lui ai montré quelques documents relatifs à ma carrière et, un jour, nous nous sommes retrouvés cherchant des bouts de papier à quatre pattes sur la moquette parmi l'éparpillement de manuscrits, de lettres et de coupures de presse. Il y piochait avec avidité, disait : « Mais ça, c'est très bien ! Pourquoi vous ne me l'avez pas donné ? » Ce fut la naissance de *Edwige Feuillère en scène*.

Pendant les répétitions, puis les représentations

qui s'ensuivirent, notre amitié allait croissant. Il cherchait à meubler mes loisirs pendant que je jouais à Nantes, en me faisant visiter la région et les beautés historiques qu'elle recèle. Il sait se faire aimer et respecter de tout le personnel de son théâtre. Merci, monsieur le directeur. J'ai aimé travailler sous votre direction...

Il y a eu aussi Dirk Bogarde, qui a dit de vous : « Elle étincelle en scène comme une cascade de diamants... »

Nous avons déjeuné à Londres, il y a quelques années, au Connaught, et c'est lui qui m'a encouragée à faire tout comme lui une *personal appearance*. Mais comment l'appeler ? C'est alors qu'il m'a donné l'idée, en français, du titre de ce spectacle : *Edwige Feuillère en scène*, tout simplement. Puis est arrivé Harold Pinter, qui a approuvé chaleureusement ! Dirk Bogarde est un ami très cher, un acteur que j'ai toujours admiré, un homme d'éducation royale, à qui j'adresse une profonde pensée de gratitude.

Vous avez voulu parler de la mémoire, votre amie...

La mémoire, quel gouffre ! Il n'y a pas une mémoire, mais des mémoires : mémoires de tous nos sens, mémoire du regard, mémoire du son, mémoire olfactive, du goût, mémoire du toucher, toutes ces mémoires...
Hélas, le regard peu à peu pâlit les objets, les sons

s'amenuisent... Je vous ai dit : Et maintenant... maintenant c'est mon sort, n'est-ce pas ? Le goût de toucher une peau, le goût d'un regard qui vous remplit, tout cela est si subtil, si difficile à analyser... Mais chaque sens a un sens, et chaque région de la mémoire a sa mémoire particulière.

On parle de la mémoire des acteurs, ce n'est presque rien. Ce qui est grand, c'est leur imagination qui les fait léviter toute la vie. Ma mémoire d'actrice ne m'a jamais posé de problème, elle était claire, elle était facile. Souvent je ne comprenais pas très bien ce que je disais, l'instinct me poussait à prononcer des phrases et à les prononcer bien, toujours le son a conduit le sens de mes phrases... Ma voix était naturellement posée, je n'étais pas sotte, plus ou moins douée, même. Avec les années, avec la quête de la justesse de la pensée, je suis parvenue à trouver un équilibre, mais quel équilibre, et au prix de quelles recherches ! La mémoire, c'est la première marche, et notre guide.

Parfois un éclair de souvenir resurgit et vous sur-prend...

Aujourd'hui, par hasard, j'ai pensé à Thornton Wilder, écrivain américain dont le livre *Le Pont du roi Saint Louis* m'avait bouleversée... Il y avait un personnage que je voulais être... la vieille marquise de Montemayor, fille d'un riche marchand de vête-ments de Lima. Elle était laide et vivait seule, elle pensait seule...

Restée à Lima, après le mariage et le départ de

41

sa fille pour la cour d'Espagne, sa vie devint de plus en plus intérieure, elle négligea sa toilette et, comme tous les êtres solitaires, se mit à parler seule, à elle-même à haute voix.

Toute son existence s'était retirée dans le centre brûlant de son cerveau. On la croyait continuellement ivre, on disait sur elle les pires choses et des pétitions circulaient pour la faire enfermer. La lucidité qui lui restait était cristallisée dans les lettres qu'elle écrivait à sa fille. Lettres miracles d'esprit et de grâce qui mettraient trois ou quatre mois, baladées sur un mauvais galion, pour rejoindre celle à qui elles étaient destinées...

Pourquoi rêvais-je tant de devenir cette vieille folle hagarde, cette ivrognesse grandiose, pitoyable et ridicule ? Des fils secrets unissent les êtres et aussi les personnages inventés. Le destin les place sur notre route mystérieusement.

Que n'ai-je connu à ce moment Eric-Emmanuel Schmitt, le seul dramaturge de cette fin de siècle à mon sens ! A nous deux nous aurions pu donner à cette *marquesa* de Montemayor l'existence théâtrale qu'elle méritait.

Le pont du roi Saint Louis... tressé en osier et en cordes par les Incas un siècle auparavant, voit en une journée de 1714 se réunir dans la mort cinq destinées.

Frère Juniper, franciscain venu d'Italie du Nord, est le narrateur de cette histoire. J'ai souvent rêvé de faire jouer ce rôle par un immense acteur, vous

42

le connaissez tous : Daniel Ivernel, comme moi timide et violent.

C'est une très chaude journée, et Frère Juniper a l'âme en paix... Son regard tombe sur le pont, au moment où un son strident remplit l'air, semblable à celui d'une corde d'instrument de musique, et il le voit se séparer en deux, laissant tomber dans la vallée cinq personnes. Tout autre pourrait se dire avec une secrète satisfaction : « Dix minutes plus tard, moi aussi... », mais c'est une autre pensée qui lui vient : « Pourquoi cela est-il arrivé à ces cinq-là ? » S'il y a un destin dans la vie humaine, on peut le découvrir... ou bien nous vivons et mourons par accident, ou bien suivant un plan.

Frère Juniper résout de se renseigner sur la vie secrète des cinq personnes et de découvrir la raison de leur anéantissement.

Il lui paraît grand temps pour la théologie de prendre rang parmi les sciences exactes. L'écroulement du pont est-il purement un acte de Dieu ? Là, enfin, on peut surprendre Ses intentions à l'état pur. Pourquoi choisit-Il telle personne ou telle autre pour faire une démonstration de sagesse ?

Nous ne le saurons jamais... Le moindre moineau ne perd pas une plume qui ne lui a pas été enlevée par le doigt de Dieu...

Sur votre chemin d'étoile, il y a eu aussi l'admiration de Maria Casarès...

La plus grande actrice, celle que l'on n'oubliera jamais...

Un soir de générale, j'ai été invitée au Théâtre des Mathurins. Lorsqu'elle est entrée en scène, elle m'a immédiatement prise au cœur, à l'esprit. C'était une jeune fille de dix-neuf ans, d'une beauté rare ; je n'ai plus vu alors que ses yeux comme d'immenses coquillages d'une couleur qui évoquait la mer et ses mystères, sa profondeur. Un teint pâle, une chevelure noire dansant autour de ses épaules. Dès lors, plus rien ni personne n'a existé autour d'elle.

Je suis allée l'embrasser dans sa loge, je suis restée toujours son admiratrice et elle le savait. Depuis ses débuts, elle tenait son journal qui devint ce livre admirable racontant sa vie – *Résidence privilégiée.* La femme était plaisante aussi. Elle s'inquiétait peu de plaire aux autres, elle voulait se plaire à elle-même.

Elle a travaillé toute sa vie, jouant tous les rôles, tragédienne et comédienne. Elle a représenté la France. C'était l'égale de Sarah Bernhardt, au moins.

Nous avions des amis communs. Pierre Raynal, entre autres. Je la revois dans *La Reine verte,* un spectacle que Maurice Béjart avait monté pour elle...

Elle était simple, d'une grande aristocratie naturelle, anticonformiste et bonne... Il y avait en elle le souci de laisser une double trace : celle d'une grande actrice et aussi d'un écrivain. La France doit faire quelque chose pour honorer sa mémoire !

Je pense aussi à Ludmilla Pitoëff, à Elvire Popesco, à Alice Cocéa qui, comme Maria Casarès, étaient nées en terre étrangère et, devenant des

« résidentes privilégiées », ont fait la gloire du théâtre français.

Et Pierre Dux, compagnon de la Comédie-Française...

Né dans le sérail, il était le fils d'Emilienne Dux qui fut une grande actrice et une des grandes doyennes de la Comédie-Française.

A la fois acteur et organisateur, il a bien servi la Maison de Molière !

Ah ! Molière... C'est peu de chose que cette statuette qui récompense certains d'entre nous, mais le nom qu'elle porte lui confère une belle distinction. On dit maintenant « les Molières », comme on pouvait dire autrefois les Valois, les Montmorency.

« Les Molières, vous avez vu les Molières ? Il a eu un Molière... »

C'est un nom magique pour notre famille, celle des soldats de la langue française, comme d'autres sont soldats de l'armée française. Nous avons en commun ce courage d'être toujours prêts à monter à l'assaut sans jamais prévoir l'issue du combat.

Par héritage spirituel, Pierre Dux appréciait la fidélité et la sécurité qu'offrait cette vieille institution.

Après mon court passage dans ce temple de l'art dramatique, au moment où j'allais partir, il m'a dit : « Et l'après-retraite, tu y as pensé ? » Il voyait beaucoup plus loin que moi... Je lui ai répondu : « J'ai vingt-trois ans ! Est-ce que j'y arriverai jamais, à la retraite ? » A ce moment-là j'étais sincère. « Tu devrais y penser. » Il avait vingt-quatre ans. Pour moi la retraite c'était... l'absurde, cela n'arriverait jamais, jamais ! Et en fait, ce n'est jamais arrivé...

D'autres acteurs ont suivi vos premiers pas d'artiste ?

Je ne sais pas comment enchaîner, passer sur deux années de Conservatoire, de petits boulots, de choses assez excentriques... tout cela est noir, fondu dans mon souvenir. De temps en temps, il y a une petite lumière qui s'allume, un personnage qui apparaît et qui dit : « Et moi, alors, je ne t'ai pas prise par la main, je ne t'ai pas aidée ? » Et dans ces petits personnages, il en est un grand : Charles Grandval.

J'avais été distribuée dans la création d'une pièce sans intérêt, un rôle de petite femme légère. Grandval avait exigé que ce soit moi, la dernière engagée au Français, qui le joue. Au cours des répétitions, il me disait : « Non, non, ne travaille pas, VIS ! Et surtout ne cherche pas à comprendre... » Il m'a rassurée sur moi-même et m'a donné des conseils que je me suis empressée de ne pas oublier. Il s'agissait de ne pas travailler, cela me convenait, car j'étais paresseuse.

Un jour il m'a invitée dans sa fermette de Penne-de-Pie en Normandie, où il voulait me présenter quelqu'un d'aussi timide que moi. En effet, assis bien sagement, un jeune acteur que je connaissais de vue attendait, un peu gêné par l'éloge qui a suivi : « Un jour il sera grand, un jour on parlera de lui. »

Oui, on en a parlé, malheureusement. Il a dû fuir

la France à la Libération et, mort dans la misère, repose maintenant dans un triste cimetière d'Amérique du Sud. Il s'appelait Robert Le Vigan.

J'en reviens à Charles Grandval. Il était alors le mari de Madeleine Renaud. Ce couple extraordinaire avait une vie double : une vie de théâtre et une vie de fermiers dans ce village normand, qui devait continuer après leur séparation et le remariage de Madeleine avec Jean-Louis Barrault. C'est ainsi qu'un soir, alors que je jouais *Partage de midi* au Théâtre Marigny, Madeleine vint dans ma loge m'annoncer que les excellentes recettes du spectacle lui avaient permis d'agrandir son cheptel par l'achat d'une très jolie vachette. Elle l'avait prénommée Ysé, comme l'héroïne de Claudel, dont j'étais l'interprète. Hélas, quinze jours après, elle m'apprit qu'Ysé était morte. Et de quoi ? D'une fièvre cérébrale. « Ah ! ces intellectuels... », ajouta-t-elle en sortant.

Malgré soi, l'artiste devient une cible ?

Oh là là ! Il faut du temps pour devenir une cible ! C'est un titre d'ancienneté qui s'acquiert comme un privilège avec les années ! Oui, j'ai subi des attaques. C'est d'ailleurs pourquoi, au Théâtre-Français, je n'ai rien fait. On me faisait un barrage systématique. Il y avait un esprit de cabale, toute cette ambiance ne me convenait pas. On a pensé à l'époque que j'avais eu la merveilleuse chance d'entrer à la Comédie-Française, mais moi je savais que je n'y resterais pas. C'est là pourtant que j'ai été remarquée par des auteurs comme Cocteau et Bourdet, comme plus tard Giraudoux et Claudel qui m'ont apporté leurs œuvres. Cocteau a été le premier à me révéler, il m'avait lu *Les Chevaliers de la Table ronde,* car il me destinait le rôle de la Reine... Des engagements au cinéma ne m'ont pas permis de concrétiser ce projet. Cocteau ne m'en a pas voulu !

Vous receviez des lettres de l'administrateur du Français qui vous reprochait vos retards... Comment s'est dénoué ce lien ?

Cela s'est dénoué simplement parce que je ne pouvais pas rester là. La discipline oppressante de la maison pesait sur ma nature évidemment rétive et indépendante.

Je conserve un souvenir particulièrement amical de Jean Yonnel, roumain d'origine, mais le plus parfait gentilhomme français que j'aie rencontré.

Mais des tournées vous appelaient déjà ?

Ma vie a toujours été en zigzag. J'ai accepté tout, le bon et le moins bon, allant de l'« opération bif-teck » à la pièce sérieuse. Il s'agissait de vivre... Je me souviens de l'Egypte par exemple, la première fois. C'était en 1933. J'étais peu employée à la Comédie-Française à ce moment-là et, un jour, un imprésario lyonnais, M. Montcharmon, me convoqua : « Voilà, mon enfant, il faut que vous nous sauviez ! »

Il avait engagé Mme Jefferson Kohn, vedette de cinéma connue sous le nom de Marcelle Chantal, très belle, très riche et couverte de diamants...

Elle voulait faire une tournée en Egypte, un comédien de la Comédie-Française serait son partenaire. Après quelques répétitions, il parut évident qu'elle ne pourrait jamais apprendre les six rôles pour lesquels elle s'était engagée. Et je partis pour l'Orient...

Elle a joué le premier jour – grand gala. Tous les ambassadeurs, les personnalités du Caire étaient là ainsi que Pearl White qui résidait dans le pays. Cette dernière, grande buveuse d'alcool, vivait avec un roi du pétrole et jouissait d'un rôle-phare dans la mondanité locale.

Le lendemain, c'était le tour des critiques qui, très sérieusement, découvrirent que l'inconnue que j'étais se révélait une vraie comédienne, que je n'étais pas faite pour jouer les doublures mais les premiers rôles, et me rendirent hommage sous le titre : *The gorgeous Mrs. Feuillère*. Le lendemain, mes salles était pleines, et à mesure que les miennes se remplissaient, les siennes se vidaient. Elle a eu l'élégance de ne pas m'en vouloir. Nous sommes restées très amies... et j'ai apprécié la sportivité de son attitude.

Une fois en scène, vous avez tout de suite eu la réponse du public, l'encouragement des meilleurs ?

J'ai eu la chance d'être devinée par des êtres sensibles et clairvoyants.

Le Conservatoire était alors dirigé par Henri Rabaud, compositeur du *Savetier du Caire* entre autres. Ce dernier m'avait, d'instinct, fait admettre dans deux disciplines, art dramatique et chant. J'étais un peu réticente et lui savait que je ne m'avouais certainement jamais cantatrice. « Essayez tout de même... » Ce que je fis. Quelques mois après, il demanda à me revoir, me conseillant de choisir car il avait constaté ma fatigue à mener de front ces deux expressions. J'ai répondu :

« Non, je tiens à persévérer.

– Mais pourquoi êtes-vous tellement pressée ?

– Mais parce que tout dépend de moi, il faut que je fasse vivre ma famille ! »

Alors, grâce à lui j'ai obtenu des bourses, il m'a aidée. C'est l'histoire de toutes les petites qui veulent se construire un avenir. C'est la première marche de cet escalier qui m'a menée à ma destinée d'actrice...

Plus tard, il y a eu aussi Robert Kemp, écrivain et critique. Pour lui, vous avez écrit : « ... la mort arrête aujourd'hui une longue tradition de savoir et de courtoisie ». Vraiment ?

« Il pesait au juste poids l'œuvre et ses interprètes, mais comme il était généreux dans la louange ! Et quelles nuances il savait donner à ses restrictions... »

C'est rare de nos jours. Il a écrit très peu et a

accepté d'écrire sur moi, qu'il connaissait à peine, un livre intitulé *L'Inconnue*. Cela lui a ouvert les portes de l'Académie française.

La parole doit être précise. On peut parler d'une manière courante, mais en se servant du mot juste ! Je voudrais ne garder toujours qu'une seule phrase, la plus expressive, la plus représentative. Je voudrais que ces propos deviennent très légers, gais et en même temps pleins de sagesse et de beauté, d'ordre, d'amour de la vie.

Qui a dit : C'est peu une vie, mais c'est quand même très bien ? Malraux, oui : « Une vie ne vaut rien, mais rien ne vaut une vie. »

Mon souvenir tout entier est accroché au théâtre. Tous les grands événements du siècle, je les revois dans une loge ou dans un théâtre. J'ai appris l'assassinat du président Paul Doumer dans les coulisses de la Comédie-Française. Pour le président Kennedy, c'était dans ma loge au Théâtre des Bouffes-Parisiens.

Chaque grand événement, tragique ou heureux, est lié à un décor. Je ne me souviens d'aucune maison pour aucun de ces moments, seulement de théâtres. J'ai revu il y a peu des photographies magnifiques de mon appartement de l'avenue de La Bourdonnais au pied de la tour Eiffel, où je m'étais entourée de belles choses qui ont disparu depuis, et j'ai été presque étonnée : j'ai habité là, j'ai été cette femme-là, moi ?

La mémoire est une curieuse amie.

A vous de jouer

Femme de plume, avez-vous tenu un journal parfois ?

Jamais l'idée ne m'en serait venue, malgré les conseils de mon cher Charles Grandval qui me disait : « Tous les soirs, tu écris une petite note que tu dates, cela pourrait être le canevas d'un livre... » Bien entendu, je n'ai jamais suivi ce conseil.

Un jour la grande Madame Colette m'a écrit : « Vous avez un joli brin de plume au bout de votre crayon à maquillage. »

J'ai peut-être encore cette lettre. Cette femme, qui a été *la* perfectionniste des mots et du vocabulaire, a vu que j'avais cela en moi.

« Vous devriez écrire !

– Mais non, madame, quand on écrit comme vous, on ne dit pas à une comédienne, comme moi, d'écrire ! »

Elle a insisté :

« Vous n'êtes pas que comédienne ! »

Plus tard, j'ai écrit ces *Feux de la mémoire* et *La Clairon,* mais disons que je n'ai pas eu le temps d'écrire d'autres livres...

Et puis j'ai vécu, j'ai beaucoup travaillé dans ma vie.

Je pense à Jean Marais, à qui l'on demande chaque fois :

« Mais pourquoi travailles-tu tout le temps ? »

A quoi il répond :

« Mais, moi, je n'ai jamais travaillé ! »

Je suis un peu comme lui en cela. On n'a pas une sensation de travail, on a une sensation de vie intense, d'existence. Lui aussi s'est beaucoup modifié au fil du temps, a beaucoup évolué, a écrit aussi.

52

Il y a des gens qui se construisent et il y a des gens qui se détruisent, souvent sans même s'en rendre compte...

Vous avez un admirateur émérite, à San Francisco : c'est par le miracle des images ?

Un ancien directeur de l'Opéra de San Francisco, M. Mansouri, que je n'ai jamais rencontré, était de passage à Paris, et m'a transmis un programme superbe de 1957, lorsque j'étais allée au Canada, où il m'avait vue. Il voulait une signature ! Trente ans après ! Cela m'a transportée à une époque où je faisais des tournées, où je m'occupais de tout, où je ne voyais pas l'essentiel : la vie tout autour. C'est merveilleux que pendant tant d'années je sois restée dans le souvenir de cet homme qui est maintenant un vieux monsieur comme je suis une vieille dame, et qui continue à m'aimer à travers les océans, à espérer me rencontrer un jour... Au-delà de l'admiration, il y a aussi de vraies rencontres d'êtres qui ont trouvé en moi un écho... Il est difficile de parler de tout cela, parce que c'est tellement intime. Je l'ai évoqué dans mon spectacle *Edwige Feuillère en scène* : « Comprendre ? Il ne faut pas comprendre, mon bon monsieur, il faut s'abandonner. C'est ce que vous ne comprendrez pas qui est le plus beau... »

Vous êtes apparue sur les écrans en plein essor du cinéma et de l'image...

53

Je ne dirais pas qu'on les a inventés pour moi !
Le cinéma avait déjà commencé à parler. L'extraordinaire, c'est qu'il a tout bouleversé, le jeu des
acteurs, les sujets... On s'est mis à inventer des histoires rocambolesques qui se passaient à Shanghaï
ou plus loin encore. Tout cela a façonné un nouveau mode de jouer, quelque chose en surface,
mais moins en profondeur que la présence réelle.
La venue du cinéma a été magique, on a découvert
mille et une choses sur ce chemin ; le cœur du
public s'est élargi.

*Ces images continuent de vivre : films et photos, ce qui
a été offert une fois reste une offrande pour toujours...*

Je n'en suis pas sûre. Les photos vieillissent avec
le temps et avec les modes.

L'oubli vous tente parfois ?

Non, je n'aimerais pas être oubliée. Cela me fait
plaisir d'être reconnue. L'admiration me touche
encore. On m'aborde souvent et chaque fois j'en
éprouve une grande émotion.
Le fait que j'ai été chef de troupe très tôt m'a
donné aussi des grandes responsabilités, une autorité précoce. J'étais tête d'affiche, *capo comica* disent
les Italiens, très jeune ! Il m'a fallu jouer deux ou
trois fois à mes risques et dépens pour que je me
rende compte de la difficulté de fasciner une salle.
Ce n'est quand même pas facile, surtout dans cer-

tains rôles... Il est bon de persuader par une conviction profonde, une sincérité totale, une imprégnation absolue, que ce qui n'existe pas existe.

C'est de la magie ?

C'est de la magie, oui. Mais que serait la vie sans la magie ?

Vous avez connu l'Allemagne avant la guerre, les studios de production aux frontières de l'histoire...

On ne sait plus sans doute que Raoul Ploquin avait créé, bien longtemps avant la guerre, une société appelée la Tobis qui produisait des films en double version, allemande et française. Engagée par cette firme, j'ai été amenée à tourner en Allemagne, en 1933, un film que je n'ai pas pu terminer pour des raisons de santé. On sentait alors un mauvais climat. L'hitlérisme montait. Je me souviens d'une soirée où j'ai été invitée par un producteur farouchement anti-nazi. Les autres invités étaient des Juifs, des médecins, un couple de professeurs, sans illusions, qui se préparaient à fuir. Après quelques propos mondains on a plongé dans la vérité. Tout à coup, un homme très grand, assez beau, qui était resté muet presque toute la soirée, s'est dressé et, de toute sa hauteur, s'est lancé dans une diatribe en français contre Hitler, à la stupéfaction générale : « Mais quand mettra-t-on ce fou

55

en prison ? » C'était le Kronprinz, héritier du trône d'Allemagne !

Dommage qu'on ne l'ait pas exaucé. Cette impuissance devant les événements, cela vous a renforcée dans l'amour du théâtre ?

Oui, cela m'a donné envie de persévérer dans mon art, de vivre dans un autre monde, parce que je n'ai jamais trouvé ma place dans ce monde, en fait. Je ne suis bien que dans la peau d'une autre ; chaque déguisement que je prenais était une fuite. J'ai peut-être eu tort, mais je ne suis jamais, comme on dit, « sortie de mon rôle d'actrice ». Je sortais du théâtre, mais je restais actrice.

Que représentait la « condition d'actrice », dans ce temps ?

Parallèlement au mauvais climat social germanique, nous connaissions en France d'aberrantes et excessives conditions de travail. Dix-sept heures par jour, ce qui faisait des doubles journées d'efforts épuisants et aucune loi ne contrôlait alors les abus du patronat. Techniciens et acteurs étaient logés à la même enseigne.

Personnellement, j'ai passé une nuit blanche pour entendre... à 3 heures du matin, l'admirable discours de Savonarole, dans *Lucrèce Borgia*, prononcé par un merveilleux acteur, Antonin Artaud. Dans la nuit froide, ce fut pour moi une révélation.

Il dégageait une telle force persuasive de refus et de commandement ! Tout son être, engagé et lutteur, m'incita à la rébellion contre l'injustice. L'art, le cinéma et la fiction allaient se mêler à la réalité puisque 1936 approchait et, avec lui, le Front populaire qui nous permit de nous rendre conscients de nos responsabilités et de normaliser les conditions de travail, toutes activités confondues.

L'imperfection du monde a fait naître votre désir de faire de belles et grandes choses ?

C'est-à-dire la méchanceté du monde, sa laideur. La beauté du monde aussi, parfois.

Cela m'évoque un souvenir. J'étais à Londres en 1947, j'attendais l'annonce du départ du dernier avion pour Paris. Comme cela semblait encore le temps provisoire de l'après-guerre, nous étions quelques-uns là, parqués avant d'être distribués vers des destinations différentes.

En face de moi, une vieille femme toute noire a soulevé sa jupe et en a sorti un morceau de pain qu'elle s'est mise à grignoter lentement. D'où venait-elle ? de Sicile ? d'Espagne ? de Grèce ? Elle représentait toute la noble misère méditerranéenne.

Et quelle langue parlait-elle ? Elle est restée muette à l'offre d'un chocolat que je lui faisais, méfiante.

Puis deux hommes de la police de l'air sont arrivés, ont essayé de la faire parler. Moi-même je me suis avancée, j'ai essayé de lui dire quelques mots en italien. Peut-être était-elle muette. Les deux hommes ont pris son passeport, sur lequel ils ont dû voir ses origines, puis ils sont partis téléphoner.

Très peu de temps après a fait irruption dans la triste salle d'attente une femme d'une grande beauté, d'une grande élégance ; visiblement arrachée à une soirée, elle venait au secours de cette vieille Grecque qui partait pour le Canada, seule, avec son morceau de pain qu'elle remit dans sa jupe, refusant le sandwich qu'on lui offrait.

Et c'est ainsi que je fis connaissance de Liza Ephessiou, chargée par l'ONU de récupérer les épaves humaines de la vieille Europe pour faciliter leur transit outre-océan vers des vies nouvelles...

Chapitre III

DAME SOLITUDE

« Vous êtes bien laide aujourd'hui, mère Ubu ! Est-ce parce que nous attendons du monde ? »

Alfred Jarry.

Vous parlez à Olga Horstig, votre agent et amie de toute la vie, vous lui parlez, loin de toute solitude...

« Te souviens-tu, Olga, de nos voyages ? A ton retour de Londres, dès septembre 1944, notre amitié, la naissance de Véra, ta fille, furent des grandes joies que nous partageâmes. Tu avais, alors, beaucoup de courage ; tu en as toujours, d'ailleurs tu en as toujours eu !

Une grande dignité aussi.

C'est toi qui m'as conseillé de me protéger, employant des mots de passe qui étaient nos garde-fous contre l'extérieur, parfois envahissant.

C'est ainsi que nous promenions notre amitié et ton gros ventre (Véra n'était pas encore là...) au pied de la tour Eiffel, dans les allées du Champ-de-Mars ; et déjà tu essayais de m'apprendre à préserver mon incognito par mille petites ruses.

Entre autres, tu ne prononçais jamais mon nom afin que tout promeneur éventuel qui nous aurait croisées n'ait pas l'attention attirée par un prénom peu courant, qui commençait à devenir célèbre.

Que de souvenirs, petits et grands, tissent cette amitié de plus d'un demi-siècle.

Maintenant que je parle de solitude, de cette solitude qui ne m'a pas quittée depuis l'enfance, sache que tu es celle qui a tempéré ce sentiment, puisque tout ce temps ne nous a jamais séparées mais, au contraire, je t'ai toujours sentie prête à m'aider, à me protéger... à côté de moi ! »

Y a-t-il un lien entre le goût de la solitude et le don de parler publiquement ?

Non, je n'ai pas immédiatement su que mon verbe ou ma voix, ou mon corps, ou mon regard, auraient un pouvoir d'attraction sur les publics.

Je suis née seule : enfant unique, j'ai été solitaire toujours, mais solide en face des autres et de moi-même. Et j'ai su très tôt que je pouvais, en parlant, convaincre des femmes qui m'écoutaient, même des petits garçons ou des petites filles ! Je crains de m'exprimer très mal, il est très difficile de parler de soi, quand on est multiple comme je le suis. J'ai été une petite fille, une jeune femme, une femme, des vieilles femmes, des jeunes encore, des folles et des sages... comment s'y retrouver ?

Je suis un peu de tout cela, comme elles sont un peu de moi, c'est un échange. Oui, mon désir de solitude est un désir de partage, paradoxalement.

On dit « Merci à qui me rend à moi-même ! » Mais le métier d'actrice vous expose constamment à la fréquentation des autres...

J'ai essayé d'éviter d'être happée par la curiosité générale, j'ai mené ma vie et ma carrière d'une manière très solitaire, très feutrée. C'est pourquoi je parle si mal de moi alors que d'autres savent se mettre en valeur, avec brio. En réalité, je n'existe pas. Il y a eu une femme qui a été créée pour mettre des vies au monde comme on met des enfants au monde...

J'ai eu, très jeune, l'impression que ma solitude me réconfortait, m'aidait à supporter les gros chagrins enfantins qui, malheureusement, très tôt n'épargnent personne, mais cela ne m'a pas empêchée d'être vivante et de former des liens profonds avec des êtres... Maintenant j'ai donné tout ce que j'avais à donner, je n'ai plus rien, plus rien à moi, d'ailleurs je n'ai jamais rien eu, que ce que je donnais.

Il y a de beaux souvenirs de solitude ?

Quand je suis seule parfois le soir j'écoute la nuit qui tombe devant un mur de verdure, je n'ai pas besoin de témoin. J'écoute le silence. J'ai le souvenir de ces moments-là au mois de mars, quand les bécasses se donnent rendez-vous pour parler de la joie du temps d'amour.

Je vous ai déjà parlé de mes origines. Les alternances continuelles entre France et Italie, entre catholicisme et protestantisme, entre richesse et misère ont fragilisé une enfance puis une adolescence « chahutée ». Seul refuge : la solitude, l'intériorité qui sont le ciment de l'adulte futur lorsque le contexte du moment fait défaut. C'est la solitude qui m'a faite comme je suis...

Vous avez été recherchée et choisie malgré cette disposition ?

Ma solitude a affiné la perception que j'avais des êtres, de ceux qui parlent peu, qui sont assez taciturnes ou timides. Moi-même j'étais une énigme pour beaucoup de gens, même pour moi !

J'ai retrouvé ces quelques lignes que j'ai inspirées à Robert Kemp, qui m'a si bien perçue et devinée : « Chaque fois qu'elle s'est montrée à nous dans un grand rôle, elle nous a subjugués par je ne sais quoi d'ardent, de vibrant. Elle n'est pas limpide, elle n'est pas transparente. Il en est des créatures de théâtre comme des rôles. Les plus grands rôles sont les rôles inexplicables, dont on reprend sans cesse le commentaire, et qu'on n'épuise jamais. Ainsi, Edwige Feuillère est secrète, et son état se délivre d'ombres impénétrables. »

Après la représentation, on retombe en soi-même ?

Non. A mes débuts, après chaque représentation, j'ai appris à me retrouver face à moi-même et ce n'est pas toujours rassurant. Un soir, j'étais seule, je n'avais pas d'argent, je prenais l'autobus place du Théâtre-Français, et après les applaudissements nourris que j'avais reçus, personne n'avait songé à me raccompagner, je me suis sentie vraiment isolée.

A la sortie du théâtre, le public que j'avais distrait un moment ne reconnaissait pas en la jeune femme que j'étais l'actrice qu'il avait aimée peu de temps auparavant. Je me disais : « Mais à quoi sert tout cela, qu'ai-je fait ? Il va falloir recommencer tous les soirs à les reconquérir, les séduire et les convaincre... » J'ai eu un moment de dépression terrible, et puis l'autobus m'a déposée rue Damrémont.

J'habitais à Montmartre, la nuit était belle, je me suis promenée un peu, un garçon m'a abordée, je lui ai dit qu'il me fiche la paix, qu'il soit gentil, que j'avais des comptes à régler avec moi-même ; il a très bien compris, il l'a respecté. J'aurais pu tomber sur un voyou, mais pas du tout ! Je suis rentrée chez moi en méditant sur la précarité de tout cela.

On imagine volontiers l'acteur dans un certain confinement, de la loge, de la scène, du texte, mais vous c'était le voyage !

Mes voyages n'ont pas toujours été ceux d'une actrice. J'allais en Grèce, en Norvège, en Italie, c'était pour mon propre plaisir... Les voyages sont aussi des voyages dans l'imagination, dans l'esprit. Combien de fois je me suis trouvée à Rome, en inconnue, sur la Piazza di Spagna ou la Piazza Navona, et à Turin, à Milan, à Varèse, dans toutes ces villes attachantes de l'Italie du Nord. Les voyages pour moi c'est l'évasion suprême. Je songeais et je rêvais, d'abord, puis j'essayais de donner une réalité à mes rêves.

J'ai beaucoup voyagé seule, surtout dans ma jeunesse. J'aimais cela, découvrir un pays, découvrir quelque chose seule, c'était merveilleux ! Je ne me suis jamais ennuyée en ma compagnie, vous savez ! Quand on pense beaucoup à un pays, et qu'ensuite on va le visiter, c'est tout autre chose ! Tout à coup j'avais envie de prendre un train et de partir quelque part, j'y allais, et en général je n'étais pas déçue.

Ainsi, un jour, je suis allée voir une île que je rêvais d'acheter au milieu d'un lac. C'était peu après la fin de la guerre. Un monastère, des palazzini et quelques maisons m'avaient tellement séduite. Le passeur qui m'y conduisit, me montrant l'eau, me disait : « Voyez, là-dessous... c'est plein de caisses d'or que les Allemands ont coulées au moment de la retraite... » Je croyais qu'il voulait enjoliver encore l'ambiance qui entourait l'île, qu'en définitive, je n'achetai pas... Le temps passa... Quelques mois plus tard, j'appris par la presse, qui s'en régala, le renflouement d'un butin de guerre à l'endroit indiqué par mon passeur... Rêve, réalité se rejoignent parfois.

Lorsque j'ai joué *Doux Oiseau de jeunesse,* une pièce de Tennessee Williams, je me suis beaucoup investie dans ce personnage qui parle si bien du vent : « Ce vent, ce vent épouvantable... » Et lorsque je me suis trouvée sur une petite route, dans une île des Cyclades, je marchais seule en pensant à cette femme, en me disant : ce vent, c'est le meltem qui souffle ici ! Les vents sont très importants aussi dans l'atmosphère, le temps météorologique a une grande influence sur nous. J'aime les éléments,

j'aime physiquement l'orage. Il s'en dégage tellement d'ozone : comme je respire quand j'ouvre
une fenêtre dans l'orage !

Au théâtre, parfois c'est l'air qui manque !

Souvent on joue à contrecœur quand il fait une
chaleur torride, qu'il faut mettre une amazone en
feutre, etc., c'est un vrai malheur ! Je me souviens
d'avoir joué une matinée *L'Aigle à deux têtes* avec
une telle crise de sinusite que je ne voyais pas mes
partenaires... J'avais neuf cents grammes de faux
cheveux nattés sur la tête ! Sans parler des étoiles,
des crachins un peu partout, des ornements royaux
car chaque soir, pour souper, la reine évoquait et
jouait le jeu du souvenir devant le portrait du roi.
Elle soupait avec une ombre... C'était horrible, horrible, et j'étais là comme une désespérée. Il m'est
arrivé deux ou trois fois d'avoir des malaises !

*On sait que jamais une séance n'a été annulée de votre
fait : vous ne trouvez pas que c'est extraordinaire !*

En effet, parce que j'ai été tout le temps malade
et j'ai tout le temps joué... J'ai une mauvaise santé
de fer, disait Jean Cocteau. J'ai joué après cela des
rôles très difficiles, qui supposaient une belle santé ;
je ne l'avais pas, mais je faisais semblant. On prend
l'habitude du mensonge, et nous sommes de terribles menteurs, disons-le.

A vous de jouer

Les arts de la scène ont un côté liturgique, on est dans l'ordre de la célébration... ?

Avant d'entrer en scène il faut se créer un état de recueillement, comme avant une prière. Plus rien ne doit exister. C'est un état de brûlure, on va se consumer en scène, il faut être rassemblé.

Ce qu'on appelle « rentrer dans son personnage »...

C'est lui qui entre en nous, il faut être disponible, il faut une concentration très profonde. Le metteur en scène du dernier téléfilm que j'ai tourné, Philippe Monnier, me disait : « Ce qu'il y a d'étonnant, c'est qu'on perçoit le moment où vous vous échappez de vous-même et vous êtes sur la pellicule le personnage, et personne d'autre. »

Mon dernier spectacle, au Théâtre de la Madeleine, m'a donné beaucoup de joie. Le metteur en scène Jean-Luc Tardieu et moi avons repris des textes de mon répertoire, certains poèmes très beaux qui dormaient dans ma mémoire. J'exigeais de rester seule dans ma loge, en silence et recueillement, comme dans une casemate ouatée. J'étais déjà « l'autre », je me créais un monde où je me réalisais.

Nous sommes des êtres sensibles, quand le rideau se lève le climat de la salle se révèle amical ou hostile... Il y a des zones d'amour qui nous apportent le besoin de les saisir et, quelque part, dans ce gouffre noir qui s'ouvre devant nous, aussi, des résistances qu'il faut maîtriser. Tout cela est tellement charnel, il faut imposer sa séduction, avoir des antennes qui captent comme lors d'une rencontre entre deux êtres qui en viennent à se désirer.

Vous avez été surprise un jour par une caméra dans votre loge de La Folle de Chaillot *au TNP, et on voit vraiment que vous êtes une autre !*

Une violente ! Aussi violente, d'une façon violente qui me dépasse ! Qui peut, parfois, être dangereuse ! Pour moi, d'abord, qui perds le contrôle de moi-même, et pour les autres, qui s'en étonnent. Une violence qui pourrait me conduire au meurtre !

Il existe un reportage qui témoigne de cela, qui a beaucoup impressionné et qui est, à mon avis, le plus beau document sur moi-même, le plus fort, le plus vrai. Mon visage devient, tout à coup, celui d'une vraie démente, quand je vois la caméra qui ose s'approcher trop de moi, pour scruter mes traits.

J'ai eu une réaction qui a été fixée pour la postérité : un visage de folle, de criminelle – menaçante, effrayante, entièrement agressive vers cette équipe de reporters qui, dans ma loge, alors que je me concentrais avant d'entrer en scène, me donnaient le sentiment de me ravir mon personnage dans lequel je commençais à pénétrer. Ils me volaient ma double existence, et c'est à la fois la « Folle de Chaillot » et moi-même qui nous déchaînions contre eux !

69

Il peut en coûter très cher de troubler la concentration d'une comédienne lorsque, déjà, elle est perdue, fondue, dans le rôle !

Au théâtre, on est toujours près d'un message : dès qu'on dit une parole belle et profonde, cela prend une autre ampleur...

C'est pour ménager cette ampleur que je tiens à aérer un texte.

« L'air »... c'est toute la vie qu'on respire. Cela vaut aussi en littérature : laisser la place au silence.

Chacun a en soi des forces insoupçonnables et insoupçonnées pour réaliser ce pour quoi il a été créé. Il s'extériorise avec d'autant plus de sincérité qu'il privilégie le silence, qui donne le temps au temps, permettant ainsi la naissance de sa nature.

Le silence et le temps sont les maîtres de nos existences.

Comment aimer, travailler, dire un texte ?

D'abord, il y a le désir, la réflexion. Il n'y a pas de clés, chacun a son rythme intérieur.

La même phrase prononcée par deux voix différentes s'habille d'une coloration propre à chacune. Une musicalité intérieure fait que l'on croit inventer les mots, qui se font nôtres. Il faut absolument avoir l'impression que nous inventons le texte et surtout être différent chaque soir pour retrouver la fraîcheur de l'improvisation.

Il n'y a pas de règle.

Si l'on savait ce qu'il faut faire pour avoir du talent, vous pensez, tout le monde en aurait !

Tout cela est tellement mystérieux.

Dans la création d'un rôle, il faut d'abord un immense apport personnel, d'imagination. La femme la plus dépravée peut être la pureté même en scène et, inversement, une femme très pure peut jouer une putain avec naturel.

Denise Gence, que j'ai toujours admirée, est une vraie comédienne parce qu'elle a en elle toute l'enfance qui perdure, même dans les rôles les plus durs, les plus difficiles. Il y a peu de temps, dans une pièce d'Albee, elle avait des obscénités à dire, elle les disait avec une telle transparence, une telle naïveté presque enfantine, que tout passait.

Chaque œuvre est millésimée, il est bon de savoir lire, penser à l'époque à laquelle elle a été écrite. J'ai beaucoup joué *La Parisienne,* d'Henry Becque, un chef-d'œuvre d'écriture, de précision, de concision. Elle date de 1885. Il y a des sentiments, des mœurs, des situations sociales qui appartiennent à une époque et qui ne valent plus dans une autre : c'est pourquoi tant de relectures sont des trahisons.

Il n'y a pas de recettes et, d'ailleurs, je n'en ai jamais donné et je n'en donnerai jamais ; chaque œuvre qui se présente à nous est une nouvelle difficulté, un nouvel univers à pénétrer, une nouvelle connivence à trouver.

A vous de jouer

Vous ne semblez pas entravée par des conventions, des a priori...

J'ai toujours été libre, tolérante envers les autres, me souciant peu de plaire ou de déplaire. En contrepartie, j'ai toujours agi en sorte que l'on respecte ma vie privée en la préservant des atteintes d'une « presse à grand tirage ».

Par ailleurs, mon non-conformisme m'a libérée de certaines astreintes sociales et je suis allée vers les êtres non pas en fonction de leur appartenance sociale, mais de leurs qualités humaines.

J'aime la réserve : s'il fallait tout dire de soi, où irait-on ? Un peu de pudeur !

Vous n'avez pas eu d'enfant, cela vous a manqué ?

Pas trop, parce que je n'aurais pas eu le temps de m'en occuper bien. Ma vie aurait été différente, certainement, j'aurais connu des affres que je n'ai pas connues !

Eventuellement j'aurais aimé qu'un bel Asiatique accepte de me faire un enfant mais, pas de chance, aucun fils du Soleil levant ne s'est présenté !

Je me souviens d'une histoire qui m'est arrivée il y a quelques années, tout près de chez moi. Il était quatre ou cinq heures, je me promenais seule, je marchais bien, d'un grand pas, et je voyais s'avancer vers moi une jeune femme avec un petit garçon de trois ou quatre ans, un petit Asiatique si beau ! Dieu sait comme ils peuvent l'être ! Ce petit garçon a vu que je le regardais avec amour et il s'est jeté vers

72

moi, ses petites mains tendues, il est venu dans mes jambes, alors je l'ai pris dans mes bras. Le coup de foudre, quoi ! Et nous avons commencé une conversation, nous nous comprenions très bien ; la mère est arrivée, furieuse, et l'a giflé ! Le pauvre gosse, c'était horrible.

J'ai une grande faim d'enfants ! J'ai envie de les toucher, de les embrasser, de les voir, de les regarder. Ils m'inspirent de l'« appétit », de la curiosité, une sorte de gourmandise physique ! Je suis une « bonne ogresse » ! Mais, rassurez-vous, je n'ai jamais consommé !

Le fait d'être élevée par l'admiration, l'attention d'autrui, ne crée pas une forme d'éloignement ?

Je vais manquer de modestie ; maintenant, en regardant des photos de moi entre vingt et quarante ans : je n'étais pas si mal... Derrière cette façade se cachait une solitude voulue. En réalité, je n'aimais pas être importunée !

La vraie solitude, c'est de ne pas jouir pleinement de l'existence, c'est de lire un beau texte sans s'émouvoir, d'être privé de toutes les facultés que nous donne la nature... ne pas pouvoir se sentir bien dans sa peau, ni aimer celle des autres – et ne pas savoir se rendre heureux.

Vos larmes de scène sont restées célèbres...

J'avais la larme facile, j'ai beaucoup lutté contre cela, je ne voulais pas qu'on me voie en état de faiblesse, de vulnérabilité.

Mais je m'émouvais dans mes rôles beaucoup plus que dans la vie. Un chagrin, sur la scène, prenait une intensité énorme.

On est sensible, il faut payer pour tout dans la vie : « Paye, paye, paye ! » écrivait Cocteau.

Il y a aussi les larmes des grands bouleversements...

Les larmes de la vie sont tellement plus amères... celles du temps qui change, qui se casse. La solitude a favorisé la réflexion et la réflexion a engendré ce « grand chambardement » de ma vie...

Le « *grand chambardement* » ?

J'avais la soixantaine et, depuis des années déjà, être actrice ne m'amusait plus.

Le grand chambardement, celui de 1968, a coïncidé avec celui de ma vie. J'avais une grande peine pour les conséquences que cette année infligeait à Madeleine Renaud et Jean-Louis Barrault, les ravages subis par leur Compagnie.

Un homme qui vivait avec moi depuis des années en épousait une autre, en secret.

Brusquement, j'ai décidé de liquider tout ce qui était inutile et trop luxueux dans ma vie : le grand appartement de l'avenue de La Bourdonnais, et tout ce qu'il contenait de belles choses inutiles, la maison de campagne que j'aimais tant. Vendue, abandonnée elle aussi.

Dame solitude

Comme quelqu'un qui s'exile pour toujours, j'ai trouvé à Neuilly un appartement.

C'est là que j'ai compris que cette solitude, tellement présente tout au long de ma vie, allait m'envelopper complètement et ne plus me quitter. Elle devenait, à présent, l'annonciatrice de la fin du parcours. Mon ultime compagne...

Chapitre IV

AU JARDIN DES AMITIÉS

« Le beau est la splendeur du vrai. »
Aristote.

A comme amitié, B comme Brasseur : complice de
théâtre et de cinéma, quel homme était-il ?

Pierre Brasseur ! Quel grand acteur c'était et
quel grand auteur aussi ! Nous ne nous sommes
jamais tutoyés, mais il y avait entre nous une connivence amicale.

Un dimanche après-midi, après la matinée de
Partage de midi, il m'a invitée à me reposer un
moment chez lui. Il voulait me montrer un tableau
de Labisse − entre l'acteur et le peintre, il y avait
une grande et belle amitié. Sur ce tableau, une
Vierge aux seins nus, admirable ; le ventre est
représenté par une énorme figue. « C'est beau,
n'est-ce pas ? me dit-il. C'est pour vous ! »

Le lendemain, la Vierge arriva chez moi et pendant quelque temps resta accrochée au mur de
mon immense salon. Elle suscita des réactions très
drôles : il y avait ceux que cette peinture choquait
et ceux qui tombaient en pâmoison devant elle.

Une autre fois, nous allâmes dîner au restaurant,
Martine Carol et son fiancé américain nous y rejoi-

gnirent. Pierre fut charmant pendant tout le dîner puis, tout à coup, devint odieux avec la pauvre Martine, qui était humiliée. Moi, j'ai quitté ce dîner très vite, sentant monter en lui l'ivresse meurtrière...

Longtemps après, alors que nous nous étions un peu perdus de vue, il faisait sans joie la tournée d'une pièce dont il était l'auteur. A Poitiers, il s'arrêta pour deux jours dans le très bel Hôtel de France, il commanda quinze caisses de canettes de bière, qu'on lui monta dans la chambre, ainsi qu'il l'avait exigé. Cette chambre était la plus belle de l'hôtel et on y accédait par un escalier recouvert d'un tapis bleu profond.

En fin d'après-midi, tout à coup, quelqu'un vit de la mousse de bière inonder le palier et les escaliers, ce qui provoqua un grand drame. La « remontée aux sources » aboutit à sa porte qu'il finit par ouvrir : il avait passé la journée, non pas à boire, mais à vider canette après canette sur la moquette... Il était horriblement triste... il avait voulu évoquer la mer... il s'embêtait tellement ! La représentation du soir eut lieu avec un peu de retard et une déception collective.

Cette histoire a beaucoup fait rire. Pas moi !

Mais le vrai moment qui me reste au fond du cœur est le soir où, avant la représentation de *Partage de midi,* il vint timidement frapper à la porte de ma loge et, d'une voix d'enfant, me dit : « Il faut que je vous confie un grand secret : je suis amoureux, je suis heureux ! » Il avait souffert longtemps de sa séparation d'avec sa femme, Lina Magrini, une jolie brune, pianiste d'origine italienne. « Je suis amoureux », ses yeux étaient pleins de bonheur, « et, depuis hier soir, je sais que j'aime une femme épatante. Nous avons soupé ensemble chez Maxim's ; je l'aime, je l'aime vraiment et je l'aime, je l'aime vraiment ! »

Il s'agissait de Catherine Sauvage, la chanteuse.

C'est l'image finale que je garde de lui, celle d'un jeune homme timide, qui me faisait cadeau de son secret : un homme heureux, heureux, HEUREUX ! Il ne l'est pas resté longtemps...

Vous avez songé un jour écrire « Le Jardin des amitiés » : une promesse ?

Il n'y a pas d'amitié sans amour.

Le Jardin des amitiés, pour moi, c'est l'âme.

L'Ame, mère de tous les sentiments.

L'Ame, mère de tous les mots aussi.

L'Ame est le commencement et la fin de toute chose dans cette vie et a fait beaucoup d'enfants qui s'appellent :

Amour...

Amitié...

Affection...

Ces trois lettres A. M. E...

L'amitié, et d'ailleurs tous les mots d'amour, commencent par AME...

Quel bonheur de me retrouver *très* tardivement MERE ! Je suis MERE ! Le temps qui a filé, qui a coulé, m'offre maintenant la présence de celles qui sont pour moi comme des filles et que j'appelle naïvement mes « anges gardiens » – mon cœur les a reçues et acceptées pour toujours !

Du premier regard de Mireille, nous nous sommes reconnues l'une l'autre. Nous appartenons à la même famille. Par le regard, la voix, les souvenirs d'enfance, je l'ai adoptée, lui ai ouvert mes bras. Je me suis donnée à elle, je crois, pour toujours. MERCI.

Pour qu'elle ne s'ennuie pas avec moi, je lui ai donné une sœur. Mystérieusement, quelques mois après, le hasard, qui fait parfois bien les choses, a mis sur mon chemin Annie qui, elle, respectueuse et prudente, m'appelle encore « Madame »...

Je pense à elles, elles pensent à moi... C'est fou, ce que nous pensons les unes aux autres ! Elles me protègent et, maintenant, je me laisse protéger... J'espère que le temps qui ronge tout, qui érode les sentiments, n'osera pas s'attaquer à notre belle connivence, épargnera ce « doux pacte d'amitié » qui s'est établi à travers les générations.

Quoi de plus profond, de plus pur, de plus pudique qu'une véritable amitié avec son corollaire, la fidélité : « L'amitié, c'est la fidélité du cœur. » Il ne faut rien en attendre, mais tout donner.

On est plus attaché par ce qu'on donne que par ce qu'on reçoit...

J'ai toujours cru davantage aux sentiments que j'éprouvais qu'à ceux que j'inspirais. C'est plus sûr !

Au jardin des amitiés

Une amitié s'étoffe dans le temps, par-delà le temps ?

Le temps, ennemi ou allié, le temps qui change les couleurs et les sentiments. Le temps qui m'a volée, qui m'a trompée, mais ceux que l'on a profondément aimés vivent en nous et ce temps ne peut rien contre l'amitié, contre l'amour, contre l'AME.

Pour moi, ils sont tous là, ceux que j'ai aimés, mais j'ai des amis de mon âge pour qui plus rien n'existe – même pas le souvenir qu'ils ou elles n'ont pas su entretenir. Moi, j'ai toujours eu beaucoup d'amis, mais qui sont mes vrais amis ?

Jean Thibaudet fut mon premier camarade. Réservé, respectueux des convenances – on l'était encore en ce temps-là –, il inspirait confiance. Nous nous étions rencontrés au Conservatoire de Dijon. Moi, j'y étais titulaire et lui n'assistait aux cours qu'en tant qu'auditeur. Sait-on pourquoi une immense complicité s'établit entre nous ?

Il était bourguignon, je ne sus jamais rien de sa famille mais il me dit être professeur de lettres à l'Université et que sa présence au Conservatoire était surtout motivée par le désir de donner vie aux personnages dont il parlait à ses élèves, en cours de littérature. Je pensais, comme lui, qu'il était nécessaire de bien s'exprimer et d'être convaincant pour jouer pleinement son rôle d'enseignant.

Moi seule fus reçue au Conservatoire de Paris. J'étais navrée pour lui, mais, fataliste, il accepta la situation et, le soir même, il m'emmena au Théâtre des Arts – qui n'était pas encore le Théâtre Héber-

83

tot – où, du haut du poulailler, nous assistâmes au *Cadavre vivant* : je ne vis plus que Ludmilla Pitoëff qui ce soir-là entra pour toujours dans mon âme comme dans une maison vide.

Le lendemain soir, il m'emmena encore voir la plus brillante, la plus étonnante, la plus imprévisible, passant du rire aux larmes avec une grâce, une élégance infinie : Elvire Popesco.

Ainsi, la complicité involontairement universelle d'un Bourguignon ami, d'une Russe et d'une Roumaine me fit découvrir que le théâtre n'avait pas de frontières, de nationalités et qu'il était l'art du monde.

Pour notre soirée d'adieu, il me fit connaître aussi la Comédie-Française où je découvris la perfection scénique d'un spectacle mis en scène et décoré par Charles Grandval, net, pur et poétique. Une simplicité rigoureuse. Une symphonie de blancheur, rideau de tulle, deux voix : celle de la blonde Madeleine et de la brune Marie... C'était le théâtre dont j'avais toujours rêvé.

Avant de me quitter mon gentil compagnon me prit les mains et me dit : « Je n'ai que le pouvoir d'instruire mais, toi, tu seras actrice ! Tu donneras tout en partage, ton âme et ta chair.

– Ne sois pas triste, je partagerai : tout ce que j'ai à donner, je le donnerai ! »

Micheline Luccioni aussi fut mon amie, que nous avons tous beaucoup entourée, si gravement malade, à la fin de sa vie, et qui a longtemps vécu de l'amitié. Pendant trois ans, nous l'avons accompagnée dans une charmante comédie qu'elle jouait elle-même et nous lui avons donné la réplique jusqu'à la fin, comme on attend le dernier acte d'une pièce, pour applaudir sa sortie.

Je pense à Guy Tréjan en ce moment parce que, immédiatement, nous nous sommes tutoyés et que le souvenir du *Bateau pour Lipaïa,* que nous avons joué ensemble, a été un beau bateau. Nous avons, chaque soir, eu un plaisir réel à nous retrouver. D'ailleurs le public a adoré le spectacle, toujours entre rires et larmes. Nous étions sincèrement épris l'un de l'autre, les spectateurs ont aimé notre couple, *Un bateau pour Lipaïa* est un très beau souvenir.

Jean Marais s'intéresse à tout. Il a tous les dons de la terre, il les cultive tous : peindre, écrire, sculpter... il est capable de tout cela. Il a besoin du public, de l'adulation et il l'a, ô combien ! Toutes les générations de femmes, depuis des dizaines d'années, se sont enflammées pour lui et toutes me parlent de lui comme d'un dieu vivant.

Cocteau lui a fait prendre conscience de sa beauté, de son talent, de sa présence. Jean dit, d'ailleurs : « Je ne savais pas ce que j'étais avant de le connaître, je n'étais rien. » Et cet amour, cette reconnaissance continuent de vivre au-delà de la mort et continueront encore dans le futur. Cela prendra peut-être la dimension d'une légende.

Nous nous téléphonons souvent et c'est toujours une déclaration d'amour...

« Le Jardin des amitiés » est pour moi une couronne que je veux tresser en reconnaissance et admiration à la manière du Grand Siècle, surtout pour Jean-Louis Barrault qui est le *Théâtre* pour l'éternité. Il a été l'initiateur d'une nouvelle forme de théâtre où l'intellectuel se faisait chair. Il a abordé tous les genres. Nous avons joué alternativement, Madeleine, merveilleuse comédienne, dans le vaudeville de Feydeau *Occupe-toi d'Amélie,* moi, dans *Partage de midi.*

Il vivait dans son théâtre, pour le théâtre. Il avait toujours de grands projets.

Un jour Malraux, qui était venu en matinée, me demanda :

« Qu'aimeriez-vous jouer d'autre ? »

A ma réponse *« Antoine et Cléopâtre »,* de Shakespeare, il me rétorqua :

« Non, vous êtes là pour défendre la langue française », et s'enflammant, il me fit un long discours sur la chance et le devoir que nous avions d'assumer cette responsabilité.

Je garde toujours dans mon cœur le souvenir de Barrault-Mesa, pour lequel je me suis ouverte tout entière :

« Mesa, je suis Ysé,
c'est moi... »

L'amitié est-elle toujours possible ?

Dans certaines circonstances, c'est un mot que l'on a banalisé. On fait trop rarement le distinguo entre « amitiés » et « relations ». Moi-même, j'ai de

86

l'amitié pour des personnes que je n'ai jamais rencontrées, là la confusion se fait avec l'admiration.

L'amitié ne connaît ni nationalités, ni origines, ni distances. Pendant tout le temps que je jouais le personnage de l'abbesse de Stanbrook, dans *Les Meilleurs Amis,* celle qui l'avait connue et était son historienne m'écrivait chaque jour des lettres admirables, d'une fine écriture. J'ai gardé ces lettres, pour qu'elles entrent dans la postérité en les remettant au British Theater Museum.

Certaines marques d'amitié, d'estime, et des plus valables, ne m'ont jamais fait oublier que, petite, on me traitait de « macaroni » en même temps que d'horrible parpaillote ! Par la suite, j'ai subi des attaques, des humiliations, des sifflets, l'hostilité de certains publics, les cabales organisées, des injures, jusqu'à des menaces.

Maintenant, je ne gêne plus personne, il y a des années que j'ai tout abandonné, je n'ai plus rien à perdre, mais tout à pardonner.

Amour, amitié : quels témoignages en avez-vous reçu ?

Cette lettre que j'ai transcrite dans *Moi, la Clairon,* d'un homme qui m'avait écrit tout au long de sa vie, longuement...

Puis le temps a passé... et sa dernière lettre a été celle-ci : « Je me suis marié, j'ai eu deux filles, mais je n'ai jamais aimé que vous ! » Et c'était sincèrement vrai !

Je garde aussi une grande reconnaissance à mon mari, Pierre Feuillère : il m'a initiée à toutes sortes de littératures difficiles, notamment les six cents pages de l'*Ulysse* de James Joyce. En épouse obéissante, je les ai lues, mais que cela a été dur... Quelle preuve de bonne volonté !

Itkine était un ami de mon mari, puis le mien, je ne l'ai pas oublié. Il y avait entre nous une grande réciprocité. Il voulait toujours m'apprendre la vie, avec respect et amitié. Réservé, respectueux, attentionné, comme on ne l'est plus.

Un écrivain-né, quelques-unes de ses lettres m'ont accompagnée toute ma vie. Il voulait m'initier à la politique. Pour lui faire plaisir, j'ai lu *Le Capital* et d'autres textes. Il m'a ouvert les yeux sur d'autres cultures, sur d'autres choix de vie. Il fallait être trotskiste ou rien... Ce que j'ai été quelque temps pour lui faire plaisir mais, fondamentalement, il n'a pu ni me convaincre, ni me rallier à sa politique qui devait devenir la « loi du monde »... Mais il m'a ancrée à gauche, je l'avoue.

« Le monde allait être bon et merveilleux », ce fut un beau rêve qui résista bien peu de temps aux réalités de l'Histoire.

Un livre m'avait profondément émue : *Tachkent, ville d'abondance*. C'est le récit de deux garçons qui traversent toute la Russie bouleversée et affamée, pour arriver à Tachkent, en Ouzbékistan. J'avais eu la faiblesse de prêter ce livre et, naturellement, on ne me l'a jamais rendu.

Elsa Triolet m'a toujours témoigné beaucoup de

sympathie, d'intérêt et m'a consacré des articles que ma modestie m'empêche de reproduire. Quand elle m'a demandé de lire, à la radio, son dernier livre, à mon avis le plus émouvant : *Le rossignol se tait à l'aube,* qui est une sorte de testament du cœur, un adieu à la vie, j'ai eu le sentiment qu'elle me faisait partager ses ultimes tendresses, ses inquiétudes pour celui qu'elle allait quitter, elle le savait. Pendant trois jours, elle m'a parlé de Louis Aragon, de sa crainte de l'abandonner :

« Que fera-t-il sans moi ? »

Elle m'a fait des confidences qu'elle m'a dit n'avoir jamais faites à personne. Cette complicité, cet abandon pendant lesquels j'ai cru l'avoir un peu réconfortée, avaient pris le pas sur la présence de son livre et le motif de notre rencontre.

Avant de nous quitter, définitivement je le sentais, elle m'a demandé ce qu'elle pouvait faire pour me faire plaisir.

« Aidez-moi à retrouver *Tachkent, ville d'abondance* », que je n'avais pas oublié...

« Vous avez lu ce livre ? »

Elle était surprise.

« Oui, lu et relu dans ma jeunesse. »

J'ai su, par la suite, qu'elle l'avait vraiment cherché, mais la vie et sa destinée ne lui ont pas laissé le temps de me faire ce plaisir.

C'est imprégnée de cet esprit russe que j'ai accepté de longues conversations téléphoniques nocturnes avec un metteur en scène lituanien, installé à Paris, qui me donnait ses opinions, conseils, impressions, sur le théâtre, la mise en scène, l'Art... Il m'écrivait des lettres donnant son avis sur le jeu

des comédiennes, comment il fallait aborder un rôle, etc. Echantillon humain curieux, qui ne se lassait pas, obstiné, solitaire. Je l'écoutais, je lisais ses lettres, déchirées depuis... mais je n'ai jamais oublié qu'il m'a apporté, avec d'autres aussi,
L'ECHO DU LOINTAIN.

Vous gardez une grande disponibilité vis-à-vis des gens...

J'ai toujours essayé de les comprendre. J'aimais donner, j'espérais recevoir. Maintenant, je n'ai plus rien à donner que quelques souvenirs, des réflexions...

L'acteur Pierre Richard Wilm fut un grand ami et partenaire...

C'était un très bel homme ; épris de son corps, il faisait chaque matin sa gymnastique devant un miroir !
Nous représentions alors le couple idéal de cinéma. Lorsque nous sommes allés jouer à Bruxelles avant la défaite de 40, nous avons été ovationnés à notre apparition. Ce n'est pas nous qu'on applaudissait, c'était la France.
Puis, un beau jour, il a disparu, sans rien dire.
Mais quand je jouais *Doux Oiseau de jeunesse*, dans les années 70, un jour en matinée, j'ai senti une atmosphère bizarre dans un coin de salle : la

90

présence de quelqu'un qui m'aimait ou trop ou pas assez...

Le lendemain j'ai reçu une lettre de lui me disant : « Je vous ai trouvée très bien comme toujours, et je n'ai pas osé venir vous le dire parce que j'avais peur que vous me voyiez vieilli. »

Alors là je lui ai répondu avec une méchanceté effroyable : « Vous êtes le roi des idiots ! Quand on aime un être, on l'aime avec ses cheveux blancs, ses rides. » Il y avait eu une telle amitié entre nous !

Même en amour ou amitié, il y a comme une limite à l'échange humain ?

On reste toujours des étrangers. Chaque être est un pays, une contrée ; chacun a ses antécédents, ses passions. Il est difficile de les faire partager, souvent on n'a rien à faire partager.

J'en veux pour exemple l'incompréhension qui peut s'installer entre ce que veut exprimer un auteur et ce qui est reçu par certains spectateurs. Une anecdote illustre mon propos.

Dans ma loge, un soir après *Partage de midi,* un monsieur très bien, respectable, réfléchit un bon moment pour dire gravement, d'une voix susurrée, comme à l'église : « En somme, c'est *La Petite Hutte* [d'André Roussin] ! » Histoire d'une femme entre trois hommes, même sujet, mais traité à un niveau différent !

Un autre soir, à Lausanne cette fois-là, un grand personnage qui pesait ses mots comme des louis d'or a conclu : « C'est plus vieux que le plus vieil opéra ! Je vous parie que dans trois ans, plus personne ne parlera de M. Claudel. »

Il y a quarante ans que j'ai entendu cette savoureuse prédiction. On n'a jamais joué autant Claudel qu'aujourd'hui et il est éternel, c'est le plus grand poète français contemporain.

Qu'appelez-vous des « naissances de l'extérieur » ?

Odette Laure. Après une période difficile, elle a été obligée d'abandonner le théâtre pour le professorat, mais a ressenti le besoin d'une renaissance artistique.

Une foule, une salle de théâtre peuvent vous faire renaître à vous-même. Un seul élan, et vous redevenez le point de mire attirant l'admiration, récompense des créateurs, des écrivains, des acteurs.

J'ai moi-même ressenti cela le soir de ma dernière représentation à la Madeleine. Pour moi ce n'était pas un retour, c'était un *adieu*.

L'actrice et le metteur en scène... quelle chimie ?

La durée d'une liaison, la durée d'une pièce... je pense parfois à Michel Witold. Je crois que nous nous sommes aimés un peu, il n'a pas osé me le dire, mais je le sentais. Parce que nous avions le respect l'un de l'autre. Il m'a dirigée dans plusieurs œuvres d'époque. Nous partagions le même goût du millésime des pièces. Nous nous amusions tous les deux, pour *La Parisienne,* à rechercher tous les détails de l'époque 1885, la manière dont on enfilait ses gants, la façon dont on accrochait une broche en argent pour reprendre les jupes, tous ces gestes qui paraissent surannés et qui étaient la vérité du XIXe siècle.

Il savait, d'instinct, suggérer aux acteurs, d'un mot, d'un seul, le mystère de la création d'un personnage. Piquant des colères absolument homériques, trois minutes après il venait nous embrasser, nous demander pardon et, il faut bien le dire, nous rassurer.

Lorsque nous avons rencontré Somerset Maugham, l'auteur de *Constance,* celui-ci nous a dit : « Mais je ne savais pas que j'avais écrit une si jolie pièce ! »

Michel Witold n'a eu ni la place ni la renommée qu'il méritait. Il était sensible, fin, drôle, imprévisible. Ainsi, il avait mis en scène et jouait le rôle principal dans une pièce de Tchekhov et, le soir de la générale, il n'est pas venu : « J'ai trop le trac, je ne viens pas ! » Un vrai Russe, le génie et la démesure...

Il y a eu aussi La Reine et les Insurgés, *sous sa direction...*

Jean Mercure, qui était alors directeur du Théâtre de la Renaissance, ne pouvant pas assumer seul toute sa direction, m'a conseillé d'accepter d'être dirigée par Michel Witold dont, bien sûr, je connaissais la carrière. C'était en 1956, la pièce qu'il devait monter était *La Reine et les Insurgés,* d'Ugo Betti.

1956 ! La Hongrie ! La révolution sur la scène, révolution sur les Boulevards.

La pièce a connu quelques représentations très bruyantes et a eu un succès fou avec Michel Piccoli, Maria Pacôme qui jouait le rôle de la reine, plus la présence d'un débutant mystérieux, russe lui aussi : le futur très grand Laurent Terzieff.

Les événements de Hongrie ont entraîné des manifestations violentes à Paris au point que, certains soirs, nous étions obligés d'annuler la représentation. Un soir, justement, bloqués dans le théâtre par un flot humain en délire qui défilait sur les Boulevards, nous avons suivi les événements depuis le balcon de la façade de la Renaissance. Quelques manifestants arrachaient les grilles de fer entourant les arbres puis se les lançaient à la tête. C'était effrayant. A mes côtés, Michel Piccoli regardait calmement, moi je frémissais d'horreur :

« Mais ils sont fous, comment peuvent-ils ? »

Laconiquement sa réponse fut :

« La Politique rend fou, la Politique est une ivresse, la Politique... »

La Politique, en effet ! Elle entraîna la fermeture temporaire du théâtre !

Moi, j'avais un ami, Sandorfi, en Hongrie. Meneur d'affaires remarquable, il était en prison depuis six mois sans savoir pourquoi. Le jour où la révolution a éclaté, les prisons se sont ouvertes. Il est allé chercher sa femme et ses enfants, les a emmenés, sans rien emporter. Ils ont traversé les marais, les forêts, puis ont passé la frontière autrichienne. Ils sont arrivés à Paris où des amis les attendaient.

Deux ans plus tard, Sandorfi avait une ravissante maison à Marly où il m'a souvent accueillie.

Aujourd'hui, son fils, Stephan Sandorfi, est un grand peintre. Il est rassurant de penser que la guerre ou la révolution n'ont pas de pouvoir sur le talent.

On a des doutes sur l'amitié des acteurs : y a-t-il une sincérité de la coulisse ?

Il y a là aussi des affinités entre personnages. J'ai eu peu de partenaires avec lesquels j'ai eu de grandes amitiés, mais bien sûr on s'éprend toujours un peu de l'autre, ce sont des relations parfois très profondes, très sincères. Le soir de la dernière, c'est un peu triste et en s'embrassant on se dit : « On va bientôt se revoir », et... on ne se voit plus, c'est fini. La durée d'une idylle est surtout celle de la pièce.

Le théâtre, c'est la rencontre, le partage, l'échange ?

Il y a le père de l'œuvre, l'auteur, le metteur en scène, le décorateur, l'électricien, l'habilleuse, le régisseur... C'est une famille qui se forme, qui s'aime, s'entraide, a envie de réussir. On met tous ses efforts en jeu. Le soir de la première tout le monde tremble, s'embrasse, essaie de se réconforter, de se donner du courage, monte à l'assaut, se prend la main et dit : « Ça va marcher, tu es avec moi ! » Et puis ça marche... ou ça ne marche pas.

Jouer, c'est connaître une vie plus intense ?

Plus hasardeuse, surtout. Plus difficile ! Je ne sais toujours pas pourquoi je suis devenue comédienne. J'ai joué tout mon siècle et je me connais encore mal.

J'ai fait une multitude de rencontres professionnelles, bonnes et moins bonnes.

J'ai eu, non de l'amitié, mais de l'intérêt pour certains qui, accrochés à moi, me demandaient des conseils. J'ai aussi suscité des passions chez des gens simples. Pendant la guerre, que de fois n'ai-je pas reçu six œufs frais, un lapin, un poulet de ferme ! J'ai reçu, d'un restaurateur, cette déclaration : « Au lieu de fleurs, je vous envoie un chou et un poulet, autant que l'ennemi n'aura pas ! »

Parfois, avec mes admirateurs, j'ai eu l'impression d'avoir des rapports féodaux, de vassaux à suzeraine !

Une question de charisme ?

Je pense que c'est une lumière qui illumine certains êtres et les distingue indépendamment de leur volonté. Des lucioles... Nous avons tous besoin d'admirer, de créer un modèle. Encore récemment, dans la bouche d'une actrice célèbre, j'ai entendu cela :

« Vous êtes mon modèle ! »
J'ai demandé :
« Modèle de quoi ?
– Ah ! mais d'une vie réussie... »
Elle ne connaissait rien de ma vie. Tout est dans le regard qu'on porte. Et c'est vrai que je pense aux autres. Comme l'écrivait une amie : « Il faut la reconnaissance des autres pour que nous nous trouvions. » Ce sont aussi les autres qui nous font ce que nous sommes. Je crois que les gens m'ont forcée à être bonne, à être indulgente, car je l'ai dit déjà, je déteste l'intolérance, les partis pris, la sottise.

Plus les gens sont bêtes, plus ils sont sûrs d'eux. Il y a beaucoup à faire ! Vaste programme...

Vous êtes-vous demandé : suis-je aimée pour moi, ou pour ma gloire ?

Je ne me suis jamais vraiment posé la question ! Je pense que je suis aimée pour le personnage féminin que je représente. Alors, tout dépend de quel personnage il s'agit. Quand je jouais *Partage de midi*, il y avait des femmes qui étaient hérissées, et quand je m'ouvrais tout entière, elles s'exclamaient : « Mais quelle impudeur de votre part ! »

Pourtant, c'était moi aussi, cela, alors que je suis une femme très pudique. J'ai mis beaucoup plus de moi dans le rôle d'Ysé que dans aucun autre.

A vous de jouer

*Pour Gérard Philipe et Alain Delon, ou d'autres encore,
vous avez été la baguette de la lumière...*

Là, j'ai joué les bonnes fées ! Et de ma baguette
de lumière, j'ai désigné : Regardez là, celui-ci, ou
celle-là... il fera quelque chose ! J'étais déjà connue
tandis qu'ils commençaient seulement. C'est vrai
que j'ai facilité quelques carrières, mais en tout cas
je ne crois pas qu'on arrive à donner aux êtres ce
qu'ils n'ont pas et ce qu'ils n'auront jamais.

Chez Gérard Philipe, l'étrangeté de sa voix semblait venir de l'au-delà. J'ai demandé : « Mais celui-
là, c'est un étudiant de quel pays ? – Mais, madame
il est français. » Une certaine intonation nasale qui
n'appartenait pas à notre langue avait pénétré pour
toujours mon oreille. Cela singularisait complètement sa manière de s'exprimer.

Pour *Sodome et Gomorrhe* de Giraudoux, il avait été
convoqué pour jouer le rôle du jardinier. Mais
j'avais dit : « Ce n'est pas un jardinier, c'est un
ange ! » On lui a confié le rôle, tout est parti de là.
Sa longue silhouette fine, ses yeux très grands
furent vraiment ceux d'un ange. Le public, pour
longtemps, tomba sous son charme irréel.

Yves Allégret, avec qui je devais tourner, me
demanda de choisir avec lui qui jouerait le rôle
masculin principal. Il me montra les essais de six
ou sept candidats, parmi lesquels je découvris une
personnalité ardente, jeune aux yeux clairs. Il se
dégageait de lui une telle voracité, une telle force
physique, une telle présence, une jeunesse animale

98

prodigieuse ! On n'arrête pas un poulain dans sa course ! Alain Delon.

Aujourd'hui, il y a un acteur que j'admire beaucoup, pour lequel je n'ai rien fait d'ailleurs, qui s'appelle Gérard Desarthe. Il a juste ce qu'il faut de distance, de distinction et de présence.

J'aime dire du bien de ceux que j'admire.

Il y a une femme que j'ai adorée, qui miaulait un peu ses rôles... Lucienne Bogaert !

Maintenant, tout s'éloigne et tout est là... Car ils sont tous présents dans mon cœur.

Line Renaud, chanteuse, meneuse de revue, comédienne...

Femme de cœur, d'abord, une artiste de l'amitié ! Je lui ai rendu hommage dans un texte :

« Tous les berceaux n'ont pas la chance d'être accueillis par les fées. »

Elles se bousculaient devant celui du bébé Line à sa naissance, offrant leurs cadeaux : la beauté, la santé, le talent, la bonté... Et les deux dernières, restées un peu en retrait, remettaient à l'enfant deux présents qu'elle découvrirait beaucoup plus tard : l'affection d'une mère attentive et efficace et celle d'un mari, éternel amoureux qui toute sa vie tresserait pour elle des couronnes de chansons.

On dit qu'il n'y a pas de miracles dans une telle carrière. C'est faux, il y a le miracle du don, cette présence irradiante de certaines créatures qui polarisent l'attention et inspirent l'amour.

Et c'est une femme exceptionnelle parce qu'à côté de ce talent, elle a un cœur d'or, qu'elle donne pour ses entreprises caritatives et toutes les causes qu'elle défend.

Pour le Gala des Artistes, un jour, vous avez fait des prouesses assez extraordinaires, non ?

J'ai fait un numéro réglé par Raymond Rouleau qui, cette année-là, dirigeait le spectacle. J'arrivais enfermée dans un tout petit tonneau, sur une brouette poussée par Charles Moulin, et dans ce petit tonneau j'étais recroquevillée, habillée en gitane, et j'avais dans ma ceinture tous les petits mouchoirs et accessoires de prestidigitation qui devaient surgir à un moment du numéro. Vous pouvez imaginer quel confort c'était pour moi ! Mon partenaire, Charles Moulin, un grand garçon avec un type gitan, très gentil, a tout fait pour m'aider au maximum, on a voulu m'expliquer comment de ce tonneau l'eau allait couler, avant que je n'en sorte tout d'un coup... Et le soir, je sors en effet, mais j'étais si serrée que j'ai fait un grand geste, ma ceinture a craqué et tout est parti, les mouchoirs et les accessoires que je devais cacher !

On a pensé que cela faisait partie du numéro ?

On n'a rien pensé du tout ; nous nous sommes regardés, tous les deux, l'air de dire : Qu'est-ce qu'on va faire ? J'ai sauvé la situation en faisant une espèce de danse gitane, en jouant avec les mouchoirs qu'il me passait peu à peu.

Je me souviens aussi de Jean Marais à vingt mètres du sol faisant des pirouettes du haut d'un réverbère qui tanguait pour les besoins de la cause. On tremblait de le voir tomber, mais pas du tout, c'est un garçon qui savait se ramasser sur lui-même. J'aimais beaucoup le cirque autrefois.

Le mime, Chaplin, qu'en dire ? C'est l'acteur sans les mots ?

C'est un mime ! Dès le départ, j'ai eu pour lui une vive admiration, que voulez-vous qu'il inspire d'autre ? Il était bouleversant de tendresse dans les films muets qui sont encore dans ma mémoire. Dans sa danse des petits pains, il était émouvant, drôle, déchirant, unique. Du rire aux larmes : un génie, tout simplement.

Il y a un mime hors pair : Marceau.

Il y a eu de grandes attractions, comme les Pilobolus et leurs constructions humaines, que j'ai vus au Canada, puis revus à Paris... Et puis Barbette ! Et tant d'autres qui ont traversé notre siècle sur les pistes des cirques du monde entier !

Près de vous, un agent devenu célèbre... que vous avez salué déjà...

101

Dès notre première rencontre en 1939, je crois que nous eûmes un double coup de cœur, l'une pour l'autre. Pour ma part, il me ligota pour la vie avec tous les hauts et les bas de la passion, de la tendresse.

Yougoslave, fière de ses origines, lorsque je l'ai rencontrée, elle était attachée d'ambassade royale et correspondante en France pour la *Vreme,* grand journal d'avant-guerre de Belgrade.

Elle ne voulait de l'existence que le meilleur, la qualité, c'est une règle qu'elle a suivie toute sa vie. J'ai été tout de suite sensible aux exigences qu'elle s'imposait et qu'elle imposait aux autres.

J'ai eu ensuite l'honneur d'être présentée à « Madame Mère » qui était une véritable « impératrice », puis d'assister à ses fiançailles avec un jeune diplomate, très beau, très raffiné.

Les lettres que je recevais d'elle, pendant la guerre, depuis Londres, passaient par des journalistes suisses et nos retrouvailles en 44 furent celles de deux amies, deux tendresses qui ne cessèrent jamais.

Depuis la Libération, nous nous sommes vues presque tous les jours et, avec Françoise Rosay, nous l'avons encouragée dans ses premiers pas de ce métier d'agent – ce que l'on appelait encore un imprésario. Ses qualités de diplomate, cette fameuse exigence en tout et de tous, une rigueur de choix qu'elle réservait aux meilleurs, firent que mon amitié se doubla d'admiration et d'estime.

C'est pour tout cela que j'ai voulu parler encore d'OLGA HORSTIG, AVEC TENDRESSE.

Chapitre V

L'ÉCLAT DE TOUTES LES BEAUTÉS

« On ferme les yeux des morts avec
douceur, c'est aussi avec douceur qu'il
faut ouvrir les yeux des vivants. »

Jean Cocteau.

Votre image est synonyme d'élégance... Vous avez consacré une page – retrouvée – à ce sujet, pouvez-vous nous la lire ?

« Je connais une jeune femme laide, mais spirituelle et allurée, ne manquant ni de goût ni de sens critique.

Comme je m'étonnais de la voir toujours choisir dans une collection le chapeau le plus agressif, la robe la plus criante, elle me répondit :

" Mon mari a la faiblesse ou la vanité de vouloir qu'on remarque sa femme. Nous y trouvons chacun notre compte : l'outrance de ma tenue force l'attention, il en est ravi – et elle détourne de mon visage : j'en suis rassurée. C'est cela mon élégance. "

Elle avait raison.

Mais que de ravissantes filles consentent à masquer un beau visage par un chapeau qui a les dimensions d'une meule de gruyère, un corps harmonieux par une coupe de robe si savante qu'il faut un travail osé de l'imagination pour retrouver la vraie place de leurs seins ou de leur croupe.

C'est rarement de l'élégance mais c'est toujours du courage, souvent de la témérité !

Ce qu'elles ne savent, ni la première, ni les secondes, c'est que l'élégance ne frappe pas comme la beauté ou l'allure, ni n'étonne comme l'originalité, ni ne gêne comme le ridicule.

On la découvre et on lui sait gré d'être là sur une femme ou autour d'elle.

Mais ce qu'il y a de merveilleux, c'est qu'elle n'est pas le privilège des couturiers ni celui de la fortune.

J'ai vu des poinçonneuses de métro, des femmes de chambre élégantes : je ne leur ai jamais demandé par quel miracle d'intelligence et d'économie elles plaisaient plus que d'autres. Je suppose qu'elles écoutaient les conseils de l'amour, ceux du silence et que, surtout, elles avaient deviné que l'élégance c'est non seulement le goût, mais l'ordre, la douceur, la courtoisie et la discrétion. »

Il y a des beautés sans éclat et des éclats sans beauté. Des femmes que l'on disait laides ont bouleversé le monde par leur charme spirituel et leur présence évidente. D'autres sont passées à côté, dont la beauté n'a suscité qu'ignorance ou indifférence.

Celles que j'appelle les statues, comme dans un musée, on les remarque le plus facilement mais elles ne captent pas le regard.

La beauté, c'est comme un éclair, un phénomène. C'est un cadeau imprévisible de la nature, mais il peut rester ignoré si le charme ne le révèle pas.

C'est l'âme qui vous conserve toujours cet éclat personnel ?

Une âme ? Laquelle ?
Vous me parlez de la beauté. La beauté, comme je viens de le dire, n'est pas une question d'apparence physique. Il y a des gens laids qui sont beaux, par leur âme, par leur charme. La beauté est une construction, un art. Je pense à cette phrase : « Qu'est-ce que la vérité ? N'a-t-elle pas trente-six enveloppes, comme les oignons ? »

Il faut tout transformer intérieurement et extérieurement dans le silence et la réflexion, travailler chaque jour, chaque instant. Ce sont les mouvements du cœur qui recèlent le mystère du désir de plaire, donc de se donner. Une question de peau à peau, d'œil à œil. Il y a la beauté plastique, et la beauté de l'âme et la beauté de la chair, la beauté de la nature : c'est un mot tellement chargé de sens... et à facettes.

La beauté, c'est le plus ?

Ou le moins !
J'ai vu, dernièrement, une jeune fille de dix-huit ans qui est une petite serveuse. Elle a une race personnelle, c'est une petite princesse de Marivaux, un corps ravissant avec des épaules larges, la taille très

étroite, les hanches féminines. Chez elle sont innées la beauté, la grâce, l'élégance... Quand j'ai vu son écriture, j'ai été étonnée de voir que c'était celle d'une enfant de dix ou douze ans ! Voilà une beauté absolument spontanée, naturelle, douce, délicate. Un cadeau de la nature !

La beauté a tellement de visages : une amie qui a le sens et la science du beau m'a offert, un jour de beauté pure, son désir de partager, nous conduisant au Musée des Armures des Invalides. Là, sur des armures de chevaliers du XVe siècle, le travail de l'homme, ses efforts, sa patience, la continuité dans la création témoignent du don qui était fait de leur personne et de leur cœur. L'or, l'argent et l'acier damasquinés en sont la preuve. Jusqu'à nous ! La patine du temps donne de la beauté, de la rêverie, de la nostalgie.

Ce peut être aussi un lavoir du XVIIIe rencontré en promenade, un cimetière oublié, un moulin dans le vent...

Mais il y a encore la beauté d'un nuage, d'une rivière, la beauté de l'eau...

Est-on choisi par la lumière, ou la recherche-t-on ?

Beauté inégalement répartie. C'est comme la lumière d'un phare qui éclaire certains et pas d'autres. Certains la perçoivent, d'autres non. Ceux que le phare ignore, ou éclaire... ou qui attrapent au vol sa lumière.

J'ai connu tant d'êtres qui n'ont pas su profiter de cette illumination et que le temps a oubliés. Ou qui ont profité de leur chance et qui n'ont pas su prolonger ce moment de rare communion qui est toujours le même mystère pour tous.

Maintenant, je peux bien le dire à mon âge, après avoir vécu tant et tant d'années, le phare s'allume dans ma mémoire sur Laurent Terzieff...

La lumière du phare est la lumière divine qui guide les destinées. C'est un éternel renouvellement.

On a l'instinct de ce qui est beau, juste et vrai ?

Je ne sais pas, vous croyez que je l'ai ? Oui, j'ai ce goût du beau, et des choses réussies. La beauté pour moi, c'est un achèvement, le travail d'une vie ou d'une heure.

Il y a des êtres qui sont beaux par une sorte de miracle, par leur voix, par leur peau, par leurs yeux.

Hier, je regardais courir des petits enfants sur la pelouse : c'est fou comme j'aime la beauté des enfants ! Rien n'est plus beau qu'un petit Asiatique, je l'ai souvent dit. Ils ont déjà la sagesse bouddhique en eux, en même temps que toute la malice du monde dans leurs yeux.

La beauté du lointain ?

Le bouddhisme est le sourire, n'est-ce pas ? Le sourire secret relevant les coins de la bouche, close, donne au visage un mystère qui monte vers les yeux, ne révélant rien de la pensée. Le sourire est spirituel.

Mais la beauté est partout et nulle part.

Paris est un creuset de toutes les races et de tous les horizons, qui ont apporté la singularité de leur beauté et leur sourire. C'est la beauté qui vient du lointain...

Aujourd'hui les jeunes gens vont vers une uniformité, un désir de standardisation. Il y a très peu de jeunes gens ou de jeunes filles qui aient leur style propre, qui trouvent vite leur expression personnelle. Les jeunes acteurs ne font pas exception ! L'originalité est dans un creux de vague, il faut attendre...

La beauté adoucit les choses, elle bouleverse aussi ?

La beauté c'est un coup au cœur ! On peut en fondre en larmes...

Cela m'arrive plus souvent qu'autrefois.

J'aime les souvenirs épurés par le temps, par la rigueur aussi. Je peux être émue par une écriture, parce qu'elle est précise, nette, belle. La beauté a un pouvoir consolant, ô combien ! Il y a la beauté de certaines phrases musicales qui reviennent à la mémoire, à l'oreille.

Tout à coup on entend un souvenir musical, une note de De Falla, un accord de Menuhin ; ces moments de beauté sont comme un appel, une respiration dans la pesanteur de la nuit, puis tout se dilue et s'évapore dans le sommeil.

Parfois on l'oublie, et puis cela revient, longtemps après...

« Longtemps, longtemps après que les poètes ont
   disparu,
leurs chansons courent encore dans les rues... »

Voilà un vrai poète, Charles Trenet. La beauté et la perfection existent... Montand par exemple, à quarante ou cinquante ans, qui peut oublier la manière dont il chantait, vivait, dansait son art ? On voyait comme il était musclé, beau en scène, un corps qui exprimait la chanson autant que la voix. Une force de vie et de travail. Une précision, une construction belle, à la fois légère et forte. Une fragilité latine et une rigueur tout hollywoodienne.

Maria Meneghini-Callas était une artiste complète, elle aussi. C'est la *Diva assoluta*. Un nom qui restera dans l'histoire de l'Art. Elle s'est construite, il y a deux périodes dans sa vie : l'avant- et l'après-Meneghini, qui a été son pygmalion.

En fait, je crois qu'elle n'a vécu que pour son art, s'imposant avec un courage extraordinaire.

Vraie tragédienne lyrique, elle fut unique, elle le restera.

Sa rencontre avec Visconti a atteint les sommets. J'ai écrit des lignes sur elle et la manière dont elle tuait Scarpia dans la *Tosca* ; d'un seul regard, d'un seul geste, on devinait qu'elle allait se servir de ce coutelas. Et le silence qui précédait ! Son jeu dramatique était aussi beau et convaincant que son génie. C'est l'inoubliable !

Les chanteurs et les comédiens répandent parfois

une croyance, une foi, c'est vrai ! Un beau texte porte, on est habité. Je ne suis jamais rassasiée des grandes œuvres, je n'en ai pas joué assez.

Le plaisir qu'on peut avoir à dire une phrase de Claudel par exemple ! Dans *L'œil écoute,* il écrit d'une perle : « Elle est l'image de cette lésion que cause en nous le désir de la perfection et qui, lentement, aboutit à ce globule inestimable. Voici dans le repli de notre substance la perle qui est le grain métaphysique, soustrait à la fois par le silence en lui de toute vocation terrestre à la menace du germe intérieur comme de la critique externe, une condensation de la valeur, une goutte de lait, un fruit détaché et sans tige, une solidification de la conscience, l'abstraction jusqu'à la lumière de toutes les couleurs, une conception immaculée. L'âme blessée et fécondée possède au fond d'elle-même un appareil qui lui permet de solidifier le temps en éternité... » Claudel, c'est le plus grand poète français !

Et puis : « ... je tiens cela dans le creux de ma main, cette virginité angélique, cette babiole nacrée, ce pétale, ce pur grêlon, comme ceux dans le ciel que conçoit la foudre, mais d'où émane, comme une chair d'enfant, une espèce de chaleur rose. Je la fais tourner au bout d'une aiguille entre mes doigts et je m'aperçois que de tous côtés elle rayonne ! Mais non pas comme le diamant, ce pentacle géométrique, d'un feu dur et perçant : c'est quelque chose d'aimable, de suave, d'onctueux, d'affectueux, j'allais dire d'humain, c'est l'appel à notre chair d'une chair divine et incorruptible ! »

112

Il y a un mystère dans chaque langue. Même quand nous ne les comprenons pas, les grandes voix nous parlent...

Bien sûr. J'étais au Caire... Un jour de relâche, j'ai voulu aller, seule le soir, ce qui était assez imprudent, dans les jardins royaux de l'Azbakeya. Je voulais entendre la Rowina, la grande comédienne juive de ce temps. J'ai vu arriver, en haut du décor, une charmante jeune fille qui descendit lentement un escalier, passant de la voix parlée à la voix chantée sans que l'on devine le secret de ce passage. La langue hébraïque est très belle, mais sa nuance rocailleuse disparaissait complètement à travers ce chant. Elle était d'une grâce infinie, elle descendait cet escalier normalement, comme une jeune fille qui rentre chez elle : comment a-t-elle pu réaliser ce prodige ? C'était un miracle que je n'ai jamais oublié, une sensation émerveillée.

J'ai eu des passions. J'ai aimé la Niña de los Peines, célèbre chanteuse de flamenco qui avait une voix râpeuse et pleine de force. Elle semblait toujours vouloir attaquer. La chanteuse portugaise Luiza Barahem était, elle, douceur et mystère. J'ai été folle de ses disques, de cette voix chantante, un peu chuintante... Aujourd'hui personne ne sait qui elle est, elle fait partie des voix perdues et inoubliables. Et aussi l'unique Amalia Rodriguez à qui j'ai exprimé mon admiration publiquement au cours d'un gala en son honneur au Théâtre des Champs-Elysées, il n'y a pas si longtemps. Aujourd'hui, il y a la merveilleuse Milva...

113

Il y a eu encore la danseuse Argentina...

Une grande émotion de ma vie. J'en ai parlé souvent. Je ne l'ai jamais connue, mais je l'ai vue danser ! Les yeux de cette femme accrochaient la lumière, comme par magie. Avant son arrivée, le silence ! Un silence religieux que rompait le bruit lointain de ses castagnettes qui approchait, annonçant *Cordoba*... Puis on la voyait arriver, elle glissait, elle n'avait pas de pieds, on entendait juste le claquement mystérieux : cela donnait une impression de dépaysement absolu. Dans *L'Amour sorcier*, corps immobile, mains dansantes qui exprimaient toute sa passion intérieure, elle commençait par apprivoiser le feu, et quand ses paupières se levaient on avait l'impression que ses grands yeux bleu-vert remplissaient tout l'Opéra de Paris ! C'était une manifestation de magnétisme, si rare.

Les plus grands couturiers ont voulu vous habiller, mais c'est Christian Bérard qui a été votre premier fervent ?

Bien avant que je le connaisse et que nous nous rencontrions, Christian Bérard a été mon phare pour me désigner dans la vie parisienne. Il a senti en moi une promesse. Il a été le premier à me défendre, à croire en mon avenir. Je dois à Christian Bérard les grands rôles qu'il a conseillé à Coc-

114

teau de me confier, la reine de *L'Aigle à deux têtes* entre autres.

Il a pris un immense soin de moi, en me transformant, en utilisant tout mon corps. Il disait : « Votre corps est un portemanteau, on peut vous mettre n'importe quoi, il se forme tout de suite un personnage élégant. Il faut que vous appreniez à vous servir de votre beauté. » Je doutais de moi, je lui répondais : « Mais non, je ne suis pas belle ! » Alors il m'a appris à le devenir, à essayer de l'être, il a toujours dit beaucoup de bien de moi, avec conviction et délicatesse.

Il avait une longue barbe. Dans cette longue barbe, il y avait souvent des petits restants de jaune d'œuf... il était un peu crasseux... Quand il peignait ses maquettes de décors, il s'essuyait les mains sur ses complets, qui étaient pleins de taches brunes, de taches vertes et d'autres couleurs...

Quand il a été question d'aller présenter *L'Aigle à deux têtes* à Londres, dans une soirée officielle présidée par la duchesse de Kent, j'avais un peu d'appréhension pour sa mise. Le soir, l'on m'annonce : « M. Christian Bérard vous attend dans le hall. » Et je me trouve tout à coup en face d'un homme élégant, dans une tenue parfaite, méconnaissable, les cheveux propres, la barbe blonde bien peignée. J'étais en extase devant lui ! Alors il m'a dit : « Mais que croyez-vous ? Je sais me tenir ! » En effet, pendant toute cette soirée officielle, très ennuyeuse, il fut parfait et sut mettre en valeur sa facette de parfait aristocrate français.

C'était le théâtre, la vie, la peinture jusqu'à la fin. Il y a au Musée de Grenoble quelques-unes de ses plus belles œuvres. Mais c'est au théâtre qu'il nous a laissés...

Devant son propre décor, une « belle mort » ?

Nous jouions *Partage de midi*, il était venu cent fois voir et revoir la pièce. Vous savez comment il est mort ? Il venait dans ma loge m'embrasser, il regardait toujours ce qu'il y avait à manger, ce qu'il y avait à toucher, prétexte aussi pour me demander mon bâton d'Ephédrine introuvable en France. On les vendait librement à Londres à ce moment-là, cela me soulageait beaucoup de mes migraines persistantes.

Ce soir-là il est venu, et comme d'habitude : « Vous vous doutez pourquoi je viens ! Je vais aller dîner et je vous reverrai tout à l'heure, je vous dirai bonsoir, mais prêtez-moi votre bâton d'Ephédrine à respirer ! » Je le lui ai prêté, il l'a emporté, mais il a dû en respirer toute la soirée.

Pendant que nous jouions, ils sont allés avec Jouvet préparer le travail qu'ils devaient monter plus tard dans la nuit, un Molière, *Les Fourberies de Scapin*, je crois... Puis ils sont revenus, moi j'étais déjà partie, je ne l'ai pas revu. Il était minuit, il a traversé l'allée centrale du Théâtre Marigny, la représentation étant finie. Il y avait là, outre Jouvet, Barrault, tout le personnel de scène qui répétait. Tout à coup, au milieu de cette allée centrale, en avançant et en regardant son décor, il s'est effondré : il était mort.

Chaque siècle apporte des hommes irremplaçables et, cependant, on les oublie trop vite. Quel homme de lettres fera-t-il revivre un jour ce personnage qui fut mondialement parisien ?

Votre coquetterie était innée ?

Pas innée, non – mais, jusqu'à l'âge de quatre ans, ma santé a donné beaucoup de soucis à mes parents. On me couvrait de flanelle, on me bardait de petits corsets que je détestais, pour me forcer à me tenir droite. On me faisait porter des guêtres qui me grattaient les mollets. J'avais l'impression de vivre dans un carcan.

Un jour, je me plaignis à ma grand-mère de ce manque de liberté de mouvement : j'avais envie de gambader, de sauter, de courir, de vivre comme une enfant de mon âge. Elle m'adorait. En riant, elle me déshabilla, arracha tout mon harnachement, et me laissa à moitié nue et, pour la première fois, me plaça devant un miroir. Il fallait, bien sûr, me tenir droite, mais elle me fit aussi découvrir la coquetterie : « On va habiller tout ça ! » Et comme, dans sa lointaine jeunesse de très bonne famille, elle avait eu le goût et l'adresse de coudre pour les ventes de charité, les ouvroirs, elle me fit des robes étonnantes. Grâce à elle, j'appris à me regarder dans une glace... Puis vinrent les petits chapeaux garnis de guirlandes de roses et myosotis, les bottines, les gants assortis... L'année suivante, à sept ans, je faisais des malheurs ! J'étais très fière de moi, et déjà très demandée.

A vous de jouer

Au fil du temps, la femme est devenue moins coquette ?

Non, mais les femmes sont devenues maintenant des mannequins, des sortes de femmes-sandwich porteuses de griffes de grands couturiers : le D de Dior, le C entrelacé de Chanel, le H d'Hermès, le sigle de Cardin... La mode s'est uniformisée et, de mon temps, les dames de soixante ans et plus n'avaient pas encore acquis le courage de porter des robes qui s'arrêtaient aux fesses ! Le corps féminin est une sorte d'amphore mais certaines femmes ne l'ont jamais compris et sont ravies de porter la même robe que d'autres, on en arrive à une sorte de simplification, de banalisation.

Le seul domaine où la fantaisie, la somptuosité, la création peuvent s'exprimer, c'est dans les robes que l'on porte le soir.

Mon âge me permet de témoigner des évolutions qu'ont apportées les couturiers tels que Poiret (sur qui j'aurais toujours voulu écrire un livre), Piguet, Balmain, Lacroix... Yves Saint Laurent et Pierre Bergé, ce sont les rois. Le second a su guider et protéger le premier car Pierre Bergé est un découvreur de talent, et il a révélé au monde entier un grand couturier français qui a le sens de la ligne, de la pureté, dont les créations restent belles à travers le temps. Et puis Loris Azzaro, que je vois toujours. Il a fait pour moi quelques robes très belles dont cette robe automnale, nuage de mousselines rousses, superposition de tons chauds dégradés donnant l'illusion que mon corps n'existait pas : la robe de mes adieux, la robe de toujours, la robe de jamais...

118

Est-ce qu'on peut dire que l'habit fait le moine ?

Il ne fait pas le moine, ce serait trop facile, mais il impose une tenue. Quand on joue un chœur antique par exemple, il faut se tenir bien, comme des moines dans une chorale. On n'apprend plus à se tenir, on s'assied les jambes repliées sous le corps, hélas.

Il y a aussi la tenue intérieure, qui impose une discipline contraignante et magnifiante.

Il y a aussi, dans la sensation d'avoir un corps solide, une joie profonde ! De se sentir bien, de se sentir vivant, de bien respirer... L'air frais, c'est beau !

Marie-Jo Pérec, c'est une gazelle, c'est la puissance dans la grâce.

Vous revoir sur des photos à différents moments de votre vie, c'est une joie ?

C'est surtout une surprise.

Cela dépend du photographe, du cadre, de ce que la photographie me rappelle... On enfile un costume comme on enfile une robe.

Cela peut être un agacement, aussi. Une déception : c'était moi cette femme-là ?

Et pourtant, je dois tant à ces garçons qui, parfois, m'exaspéraient par leurs exigences esthétiques mais dont je respectais le travail avec une patience d'écolière.

119

Je pense aux Studios Harcourt. Je pense à Raymond Voinquel, qui est maintenant un classique. Il mettait dans son art une imagination prodigieuse et j'acceptais tous les conseils et les ordres, disons-le, qu'il m'imposait. Il m'est arrivé de passer des journées avec lui ; il déplaçait un meuble, me demandait de changer de robe et, un jour où j'étais un peu triste, m'ordonna : « Ne bougez pas, surtout, ne bougez pas ! » Et il a fait de moi la plus belle photographie, qui a fait le tour du monde. C'était une Edwige Feuillère triste et solitaire, devant une cheminée.

D'autres fois, il m'a photographiée dans *La Visite de la vieille dame*.

Il y a eu entre nous un grand lien d'affection, d'estime, d'admiration réciproque.

Et puis... la vie passe, les chemins s'écartent. J'ai voulu le voir, dans les derniers temps qu'il était malade, mais il a refusé par coquetterie ou par amitié, je ne sais pas. Je ne l'ai jamais su, je ne le saurai jamais.

Voudriez-vous donner un conseil à une jeune femme aujourd'hui ?

Je ne donne de conseils à personne. Je n'en ai jamais donné, je n'en donnerai jamais. Je n'ai fait partie d'aucun jury, ni jamais voulu enseigner, voulu juger non plus. On se trompe toujours, quel que soit le jugement. Un garçon de quinze ans ou une jeune fille sans aucune personnalité, vous les revoyez cinq ou six ans plus tard, ils se sont trouvés.

Cela arrive même parfois longtemps après, quarante ans après ! Il y a ceux qui explosent immédiatement, ceux auxquels il faut un temps énorme pour se révéler et qui, tout d'un coup, deviennent tardivement de grands acteurs ou de grandes actrices ou de grands écrivains. Le temps ignore le jaillissement du talent et de la beauté.

Aldo Ciccolini, qui vous admire, avait été bouleversé en vous voyant danser dans Un bateau pour Lipaïa...

Aldo Ciccolini, c'est le pianiste de l'émotion et de la rigueur, je l'aime beaucoup.

Je dansais d'abord un charleston à la blague, je le dansais très mal, sans me contraindre, les spectateurs riaient de ma gaucherie. Quand je fais quelque chose mal, je le fais à fond.

Soudainement je le dansais bien.

Le dépouillement et la vérité de cet élan nous révélaient et nous rajeunissaient, Guy Tréjan et moi. Nous avions longtemps échangé nos confidences à mi-voix et, par peur d'être entendus, nous allions progressivement vers le fond de la scène en valsant. Ensuite, nous montions lentement un escalier, et aux dernières marches, je posais la main sur son épaule. C'était une déclaration d'amour !

Un bateau pour Lipaïa restera un de mes meilleurs souvenirs de théâtre.

En même temps que le chant, vous avez étudié le piano ?

121

Hélas, oui ! Ça ne m'amusait pas beaucoup, mais ça faisait tellement plaisir à ma mère et puis c'était une tradition de l'époque. Vraiment, je détestais ! Je n'étais pas douée pour ça ! J'essayais de tapoter en faisant le moins de bruit possible. Je préfère les instruments à cordes, même maintenant.

Les grands interprètes sont fascinants. Le départ d'un concerto, les premières notes après le silence ! C'est vraiment très beau de regarder aussi le travail des mains... Il faut beaucoup de force et beaucoup d'âme pour toucher la pierre magique ! Vous ai-je raconté un concert à la Scala de Milan ?

Dirigé par Wilhelm Furtwängler ?

C'est un beau souvenir dans ma vie. Furtwängler donnait à la Scala un de ses derniers concerts. C'était beau parce que la salle est splendide et qu'il y avait une attente particulière. Pour les Italiens, à l'époque, on allait à la Scala comme on va à l'église. Milan, c'est le Duomo et la Scala ! Le Christ et la musique ! J'aimais beaucoup ce recueillement du silence et l'élégance ; les spectateurs arrivaient, se plaçaient, on se faisait un petit sourire... et il a attaqué la *Symphonie inachevée* de Schubert... Ce silence prodigieux, comme si les gens attendaient l'amour ou la mort. Les premières notes de cette symphonie, je ne les oublierai jamais de ma vie.

Ensuite j'ai soupé avec lui au petit restaurant de la Scala ! Il avait soixante-treize ans à l'époque, c'était un homme encore plein de sève, au charme fou, et je me souviens que je me disais : « Si je pouvais le rencontrer encore ! » Mais je ne l'ai plus jamais revu, la vie nous en a empêchés. J'ai aimé ce moment-là, j'ai aimé Furtwängler ce soir-là ! On a parlé de tout et de rien, comme on le fait quand on est un peu fatigués, un peu las, mais heureux.

La musique m'a apporté beaucoup dans la vie, des amitiés aussi comme celle de Honegger qui était un ami et qui a dit, parlant de ma voix, qu'elle était « un fil continu dans la mélodie ».

Yehudi Menuhin... Vous l'avez aimé depuis toujours ?

J'étais élève au Conservatoire la première fois que j'ai entendu ce grand virtuose de quatorze ans ! On avait dû me donner une invitation parce que je n'avais pas d'argent, à cette époque. Il m'avait absolument éblouie, il était si jeune, si beau en jouant !

C'était un très jeune homme, mais il représentait déjà toute une expérience, toute une vie, je le sentais lourd du génie qu'il apportait par sa présence, sa beauté, sa réserve, sa distinction et une hauteur que je n'atteindrais jamais.

Après le concert, j'ai eu envie d'aller le voir, je voulais lui baiser les mains, ces mains miraculeuses, ces mains qui racontaient l'histoire de toute une famille, de tout un peuple, je voulais sentir ses mains dans les miennes pour lui voler une étincelle de génie. Je n'ai jamais osé m'approcher, bien entendu, j'ai toujours eu beaucoup trop de pudeur, je maîtrise mes élans.

Menuhin était porteur déjà de tout ce qu'il a concrétisé dans son art, dans sa vie, de tout ce qu'il

123

dit maintenant. Il est de ceux que j'admire le plus pour la continuité de son génie, de son invention. C'est un prédestiné à la gloire – génie aux combats victorieux qu'il poursuit et poursuivra longtemps encore, je le souhaite.

Mais vous aussi avez été une enfant prodige !

Comment parler de tout ce que la vie m'a apporté ? Quatre-vingts et quelques années ont passé... J'étais une pierre brute que le temps a polie. Le prodige, c'est que je sois encore là !

Il y a eu Elisabeth Schwarzkopf, que vous avez bien connue ?

Elle est une artiste incomparable. Je ne la connaissais pas, je suis allée la voir. Elle est arrivée dans une robe saumon, elle était très belle, elle attendait que le public la découvre, elle donnait ce soir-là, au Théâtre des Champs-Elysées, un récital de mélodies, de lieder. C'était tellement pur, tellement beau, tellement travaillé, parce que son chant était le fruit d'une étude très profonde.

Elle fut l'épouse de Walter Legge, homme exigeant mais aussi plein d'esprit et d'humour. J'ai adoré le livre qu'elle lui a dédié : *La Voix de mon Maître.*

C'est une femme très appliquée, très soucieuse de son art, qu'elle prend très au sérieux.

C'est le prix de la perfection.

Dans L'œil écoute *de Claudel, il y a aussi de grandes pages sur la peinture...*

Ce livre est mon trésor, je le tiens caché. Je me méfie ! On n'est jamais assez méfiant pour garder ce que l'on aime !

J'allais de temps en temps à Bruges. J'allais aussi à Florence. J'étais fascinée par un tableau de Bronzino d'une beauté et d'un réalisme à faire frissonner : un enfant, un peu trop gras, laiteux de teint, tient dans sa main le petit oiseau qu'il vient d'étrangler et le regarde avec un air de jouissance et de cruauté. Il faut avoir vu cela.

Dans *Les Noces de Cana,* de Véronèse, l'homme qui présente le vin est d'une beauté inoubliable, pour moi l'idéal masculin ; c'est ce garçon habillé de gris et noir, d'une élégance si parfaite, qui est là au milieu, en avant-plan.

Et puis, je pourrais vous parler de la peinture quand j'avais des yeux, quand j'avais le temps, quand j'avais la force d'aller dans les musées... Maintenant les images reviennent beaucoup, oui. Mais j'ai l'oreille plus sensible que l'œil, et j'ai le cœur encore plus sensible que l'oreille et la vue ! C'est ennuyeux, mais enfin c'est ainsi !

C'est indispensable, et puis c'est le cœur qui commande...

Le cœur n'est qu'un organe, mais le sens du mot cœur est tellement vaste, tellement gâché !

Tant de mots sont liés à contrecœur au cœur : cœur de pierre, cœur d'artichaut, cœur de lion... On voudrait qu'il grandisse avec le temps, avec la succession des générations et qu'enfin, on découvre que le cœur humain est naturellement bon.

L'écrit – du cœur... –, sa valeur sacrée est un peu perdue ?

Oh ! momentanément, peut-être. On a peur de perdre son temps en lisant. On passe des nuits devant des écrans de télévision, volant une image par-ci par-là, ne suivant pas le fil conducteur d'un sujet. On ne déploie pas autant d'obstination vis-à-vis d'un livre. L'ordinateur n'arrangera rien mais il y en a encore quelques-uns qui découvrent cette valeur sacrée dans la solitude, le calme nocturne, et inscrivent dans leur mémoire le livre qui les nourrira longtemps.

Les mots sont une autre musique, la scène les exalte ?

De plus en plus, je me suis rendu compte de la portée, de la richesse que cela amenait en moi, de la jouissance que cela donne... C'est un vrai bonheur d'entendre un beau mot comme d'entendre une belle musique. *L'Amour sorcier* de Manuel de Falla m'a apporté des joies intenses !

Une femme comme Argentina est restée dans

126

mon cœur, il y avait en elle une élégance, une noblesse extraordinaire ! Elle était pure : un feu. Elle est morte de la danse, comme Carmen Amaya est aussi morte de danser ! Condamnées à mort par la danse toutes les deux !

A voir sortir de scène un danseur, c'est un spectacle émouvant. Serge Lifar, Roland Petit, prêts à s'effondrer, à se diluer par les ruissellements de la sueur sur le maquillage. Une espèce de brume d'art autour d'eux qui les fait sortir de scène déjà happés par le ciel. Cela est à mettre dans le côté physique de ma conception de l'art.

Ce n'est pas uniquement dans la tête, c'est vraiment l'essence, la jouissance, le plaisir vers lesquels nous tendons, c'est notre aimant. Parce qu'il y a des richesses en nous que nous ne connaissons pas.

Si nous les laissons dormir, tant pis pour nous ! Si nous les transformons en rancœur, en aigreur, c'est tant pis pour nous aussi.

On y revient, il faut tout transformer en beauté... Transfigurer, métamorphoser ce matériau inconnu, c'est l'art.

Chapitre VI

GUERRE ET MENSONGES

« ... Ne touchez pas l'épaule du cavalier qui passe, **il se retournerait et ce serait la nuit...** »

Jules Supervielle.

Quand la guerre s'annonce, vous tournez avec Max Ophüls ?

Nous tournions *De Mayerling à Sarajevo* à Romans, dans la Drôme. La ville avait été choisie pour sa ressemblance avec la vieille ville de Sarajevo.

Après que tout le monde a été évacué, qu'on a vu s'éloigner les panières des costumes, des perruques, tous les accessoires embarqués dans un car, on a su que la guerre était arrivée, comme l'avait prédit un ancien ambassadeur engagé en tant que conseiller technique. Que nous allions être séparés.

Nous étions là tous les deux, lui et moi, abandonnés devant la porte de l'hôtel déjà fermé, n'ayant pu prendre le dernier train qui était bondé. Nous avons parlé une nuit entière au clair de lune.

Là, il m'a raconté sa vie, alors que nous nous connaissions depuis deux ans déjà. Mais c'est de cette nuit-là que je me suis toujours souvenue.

Il est parti pour l'Amérique et nous n'avons plus jamais retrouvé ce climat d'entente merveilleuse.

131

A vous de jouer

*De la guerre et de l'amour vous avez connu la déchi-
rure...*

Mentir, mentir pour se préserver, pour survivre.
Changer de nom, changer de visage. Mentir. Mentir
était devenu le moyen de sauver sa peau, mentir,
pour échapper au danger, je l'ai fait aussi et voici
ma vérité.

> « D'amour, l'ardente flamme
> consume mes beaux jours
> Ah ! la paix de mon âme
> a donc fui pour toujours... »

Il s'appelait Igor ; depuis deux ans, nous vivions
ensemble. Il était beau, charmant, fin et, pendant
six mois, j'avais résisté à la cour qu'il me faisait.
Nous pensions à nous marier, nous espérions vivre
un bonheur tranquille, mais il était juif, malgré son
passeport qui en avait fait un citoyen letton né et
résidant à Riga.

Un jour, son père vint de Riga, où il était réfugié
et résidait lui aussi, accompagné d'un jeune
homme. Cet homme avait traversé toute l'Europe
pour donner son accord à son fils. La soixantaine,
un peu réservé mais parfaitement courtois. Je le
sentais intimidé par moi. Dans un français très
approximatif, traduit en partie par le jeune rabbin,
il m'exprima sa satisfaction et son respect.

Puis, nous nous mîmes à table où le jeune rabbin,
le père et le fils continuèrent une conversation qui,
bien qu'un peu chaotique, fut tout à fait cordiale.

132

Cet homme distingué prit congé de moi et plus jamais je ne le revis...

Il y a peut-être encore dans de poussiéreuses archives d'un notaire de Mont-de-Marsan un acte de promesse de mariage dont mon amie la grande comédienne Annie Ducaux et son mari furent les témoins-signataires. Igor était ravi mais Annie, à part, me dit : « C'est très beau ce que vous avez fait là mais c'est vivre dangereusement pour vous ! » Je commençais à m'inquiéter, mais il me rassura, le pacte germano-soviétique faisant de lui un citoyen privilégié. Naïveté ou roublardise ? Il faisait de moi un otage sans que je m'en doute !

Tout à coup, il décida de partir, pour sa sécurité d'abord et, ensuite, pour pouvoir vivre librement.

Il m'annonça qu'il irait à Cuba, ce qu'il fit. Mais, bientôt, il quitta Cuba pour le Mexique où il se fixa. Il y parla immédiatement de sa « femme », l'actrice Edwige Feuillère, et, pendant les débuts de son séjour, cela lui fit une sorte d'aura.

Une célèbre actrice mexicaine n'en succomba pas moins à son charme, et devint sa maîtresse. Pendant les deux premières années de son séjour, il s'accommoda fort bien de sa liaison locale et de son « statut marital » !

J'ai donc attendu son retour, en tenant ma promesse ; lui, après la fin de la guerre, s'est encore attardé outre-Atlantique pendant deux ans. Quand il est revenu, nous ne nous sommes plus reconnus... Le temps avait passé ! Le temps, le temps, le temps...

Moi, **j'ai connu là ma damnation...**

A vous de jouer

Au fil des jours, les surprises du théâtre vous guettaient encore ?

Je ne voudrais pas oublier Marc Valbelle. Pour moi il était le côté drôle de la guerre. Il jouait dans *La Dame aux camélias* ; un beau garçon, sportif, courageux, très français.

Nous savions tous qu'il faisait de la résistance. Dans son appartement, il y avait une chambre, murée, cachée, où il amassait des armes. Il en parlait comme d'une chose tout à fait normale.

Au Théâtre Hébertot, savez-vous où il se servait en armes ? Directement dans le vestiaire des officiers allemands qui venaient aux représentations !

Au premier acte, je prenais toujours un bouquet de camélias assez volumineux enveloppé de papier blanc et doré, et je le gardais dans mes mains un moment... Ce soir-là j'ai pris le bouquet comme d'habitude, il pesait un poids terrible ! J'ai tout de suite pensé : « Marc a caché un revolver dedans. » Ça l'amusait follement : « Il n'y a qu'à toi que je peux faire des trucs pareils ! » C'était quand même un peu imprudent ! Il m'a répondu en riant : « Mais non, c'est drôle, il faut leur faire des blagues, ils sont tellement bêtes. »

Lui trouvait cela très amusant. Courageux jusqu'à la témérité. Malheureusement il a été arrêté deux jours plus tard, et il a été déporté. Il a fait quarante-trois mois de déportation, vécu les choses les plus dures. Pour résister, il s'était juré de ne jamais oublier le rôle qu'il avait dans la pièce, et tous les jours il se répétait le texte de *La Dame aux camélias*.

Quand il est revenu j'ai essayé de l'aider, naturellement, mais l'héroïsme des vrais et des purs n'est pas toujours reconnu.

Vos sympathies étaient détectables, et on a cherché à faire pression sur vous ?

Purement et simplement, on a voulu m'interdire parce que je refusais la proposition qui m'était faite de jouer. J'avais imprudemment signé, avant la guerre, un contrat me liant à la Société Ariane-Films et, par ce contrat, je leur donnais le droit exclusif de m'exploiter, c'est-à-dire de me céder comme une valeur marchande et, aussitôt, ce contrat a été repris par les occupants, sous le nom de Continental. J'ai été livrée, pieds et poings liés, par les dirigeants.

J'ai pu louvoyer longtemps, sous le prétexte de maladies, de fatigues, puis j'ai été convoquée par le directeur. Accompagnée de mon agent d'alors qui était aussi un ami et un complice, j'ai été immédiatement mise en accusation.

J'ai refusé de tourner pour les nouveaux dirigeants qui faisaient partie de la fraction collaboratrice. Alors on m'a fait un chantage effroyable qui me touchait personnellement... J'ai failli être arrêtée, j'ai vécu tout cela assez mal, mais je faisais semblant parce qu'il fallait faire semblant, c'était le seul moyen de s'en sortir.

Jamais l'oubli n'est venu sur ces heures de votre vie, pourtant vous n'êtes pas restée en arrière...

Non, mais je n'ai pas oublié. On ne peut pas, **il ne faut pas.** C'était le moment le plus douloureux de ma vie, j'étais très malheureuse mais je crânais. Comme toujours, parce qu'on n'a pas le droit de montrer sa détresse. Si j'en parle, c'est que le temps a passé, ça ne m'appartient plus.

Vous deviez aussi vous occuper de vos parents, donc contrainte de rester en France.

Je ne pouvais pas partir parce qu'ils avaient besoin de moi. Ils étaient inconscients de la situation, comme ils l'ont toujours été, ils comptaient sur moi pour tout.

Tous ceux qui me connaissaient bien savaient où étaient mes préférences. Ils venaient me réconforter, me dire : « Tu sais, nous n'avons jamais douté de toi. »

Beaucoup d'amis, résistants, ont disparu.

Comme Sylvain Itkine qui, sous le surnom de Quatrehomme, écrivait pour moi une pièce sur Moll Flanders – plus connue sous le nom « Moll-est-bourse », que nous devions jouer, dès que tout cela serait fini. En effet, tout fut fini pour lui ; le dernier jour du départ des Allemands, qu'il croyait achevé, il a été abattu comme un chien.

On a voulu vous empêcher de jouer, un jour de la guerre, à Bruxelles...

Je me souviens de Nadine Farel, une amie de toujours, une résistante, une vraie, qui m'a beaucoup aidée.

Elle m'accompagna à Bruxelles où j'avais été priée de venir jouer pour les prisonniers belges de la guerre. C'était une invitation tout à fait officielle que j'avais acceptée.

Arrivées à l'hôtel, on fait appeler Mme Farel, on lui dit :

« Mme Feuillère est interdite par les autorités allemandes, elle ne peut pas jouer ce soir ! »

Elle me demande naturellement ce qu'on doit faire.

« Eh bien on repart, c'est simple. »

Face à la catastrophe que cela représentait pour les Belges prisonniers qui attendaient – il y avait une salle pleine –, ils ont fini par céder devant son insistance : « Mais c'est faux, faux tout ce qu'on raconte, Mme Feuillère n'a jamais été interdite. »

Pourtant, c'était vrai : ils m'avaient interdite.

Nous sommes reparties le lendemain matin après avoir été minutieusement fouillées.

Mais j'aurais tant d'autres choses beaucoup plus importantes à vous raconter en évoquant Nadine Farel, administratrice du Théâtre Sarah Bernhardt, qui a été une amie fidèle pour moi, une femme de théâtre simple, droite, vraie, passionnée par ce qu'elle faisait.

Pendant toute cette période où elle a été une résistante, par elle j'ai su beaucoup de choses dont il ne fallait pas parler et dont je ne parlerai plus maintenant.

Un jour, bien plus tard, à la campagne, chez les

Toesca, le téléphone a sonné et nous avons appris sa mort.

Paris occupé : pour « jouer » entre délations et couvre-feu, il fallait de la vaillance...

Il faut de la vaillance pour tout ! Et même pour parler de soi.

Sur scène, on s'expose physiquement ! On est une cible sans armure ! Il y a eu des acteurs blessés par des fous ; à cette époque, n'importe qui pouvait tirer sur n'importe qui.

Mais le théâtre est aussi un rempart contre la nuit...

Un soir où ma mère était à Paris avec moi, j'ai voulu l'emmener au théâtre, nous y sommes allées en métro. On jouait *Macbeth,* Renoir et Jamois dans une mise en scène de Rouleau, un beau spectacle et rare. Aller voir un Shakespeare à ce moment-là, c'était une fuite dans le temps, une évasion. A la sortie, nous avions de petites lampes électriques, ma mère avait peur, c'était difficile, elle n'était plus très jeune.

Nous, les gens de théâtre, nous jouions des pièces souvent assez difficiles, et c'était un acte de courage aussi de résister à la médiocrité, à la précarité du moment.

Le Soulier de satin, un miracle dû entièrement à **Jean-Louis Barrault** ! C'était si beau, il réalisait là un rêve de toujours, un miracle inoubliable.

La pièce commençait à 5 heures du soir et finis-

138

sait à 11 heures ; on le savait, on emportait des petits sandwiches qu'on mangeait à l'entracte.

Et puis on se précipitait pour ne pas rater le dernier métro...

C'est peut-être parce que ces temps sont très lointains pour moi que je crois me souvenir de cette soirée comme d'un moment inoubliable : pendant six heures, on était recueillis, comme à la messe. On ne parlait pas, on écoutait en soi l'écho, la révélation d'une sorte de trinité : Claudel, Barrault, réunis dans leur œuvre.

Les écrivains n'ont pas toujours choisi la liberté : on dit que Brasillach par exemple était un grand écrivain malgré son naufrage moral du temps de l'occupation...

Je ne connais pas Brasillach, je ne l'ai d'ailleurs pas lu.

Jean Giraudoux a été étiqueté germaniste ; je vous assure, pourtant, que c'était un sacré bon Français. Quand il a su que son fils s'était réfugié au Portugal avant d'aller rejoindre le général de Gaulle, il était si fier, ah oui !

La guerre a été un révélateur cruel de toutes les natures.

Le cinéma et la résistance allaient souvent de pair...

Marcel L'Herbier, lorsqu'il choisit de tourner une comédie à l'américaine, *L'Honorable Catherine*, était bien décidé à s'amuser et à nous amuser. Il fallait du courage vraiment pour créer un moment si pétillant. Il y parvint pleinement. Je vous ferai remarquer au passage que les deux noms de Catherine et Langeais furent à la mode, adoptés notamment par une personne qui fit une jolie carrière et, aussi, Evelyne Langeais qui fit également une carrière ! Hé oui ! J'étais à la mode !

Pour le dernier film que j'ai tourné avec Jean Mercanton, un peu plus tard, *Pour Lucrèce*, la distribution comportait beaucoup de jeunes résistants. Et sous des noms qui n'étaient pas les leurs, bien entendu, mais nous le savions et les protégions.

Ils apportaient chez moi des valises de revolvers, de livres et de tracts, naturellement, qu'ils me laissaient avec des pots de confiture ! Mercanton connaissait tous les vrais noms des jeunes gens que nous cachions mais, chaque jour, ceux-ci disparaissaient peu à peu ; il fallait qu'ils s'en aillent les uns après les autres, pour ne pas être pris. Nous vivions sur un qui-vive journalier. Rien ne durait mais nous espérions toujours.

Il y avait l'étoile jaune, mais que savait-on des déportations ?

Très peu de chose. Beaucoup d'amis portaient cette étoile jaune comme une sorte de défi. Je pourrais citer des noms, et des souvenirs que j'ai de cette époque. Cette étoile jaune a été portée par certains avec crânerie, pour affirmer la fierté d'être juif.

Ainsi, une de mes amies arborait une étoile plus

grande que celle imposée pour bien montrer son appartenance.

Je me souviens de la conversation que j'ai eue avec le frère de Léon Blum, directeur des Ballets de Monte-Carlo. Il arborait cette fameuse étoile partout où il allait dans Paris et je lui fis part de mon inquiétude :

« Mais je suis français, me répondit-il. Les gens intelligents n'ont jamais été antisémites !

– Croyez-vous ? Connaissez-vous des gens intelligents ? »

Je ne l'ai plus jamais revu, il fut déporté.

L'occupant était omniprésent...

Oui. Il fallait absolument que je rejoigne Igor qui se cachait en zone libre, à Cannes, avant de partir pour Cuba, et lui apporter les dollars dont il avait bien besoin.

Après beaucoup de démarches restées vaines, une manucure qui avait des « relations » me fit avoir, contre cinq kilos de café, un laissez-passer provisoire, valable pour quelques jours seulement, aller-retour. Evidemment, j'ai accepté. J'ai passé deux nuits à cacher ces dollars dans mes robes, dans mes manteaux, partout...

J'ai naturellement été « visitée » à la démarcation des deux zones. Cette fouille a duré une demi-heure ; lorsqu'ils m'ont laissée repartir, j'ai respiré à fond !

La sœur de mon ami Sania Mnouchkine, mise au courant, bien entendu, m'avait demandé de lui rendre un service. Elle profita de mon voyage pour venir me remettre un paquet destiné à sa fille, qui avait épousé un Italien et vivait à Marseille. Cette dernière m'attendait. « Je suis contente de vous voir. J'ai un paquet pour vous. – Je sais, je monte avec vous dans le train. » C'était au petit matin, nous avions faim, elle m'accompagna jusqu'à Cannes. Nous ouvrîmes le paquet qui contenait des petits pâtés russes, des pirojkis. J'ai commencé à manger, ma compagne m'a dit : « Attention, attention ! » Chaque petit pâté contenait des bijoux de toutes sortes : bagues en diamant, bracelets... Elle était au courant, moi pas ! Amusant, mais dangereux !

C'était le temps de tous les mensonges !

« Du baptême aux funérailles, nous ne faisions rien d'autre que mentir ! » Il le fallait. Certains mentaient par nécessité, d'autres pour en profiter.

Tous les gens que je connaissais mentaient sur leurs origines ou leur état véritable.

Sania, que j'aimais tant, pour son intelligence, sa drôlerie, son humour. Il était si racé.

Sania me racontait son errance avec tant de verve ! Juif, communiste (sincère ou non...), au moment où il commençait à envisager de quitter la Russie, un télégramme officiel (mais qui connaissait vraiment le maniement du télégraphe dans une récente République chaotique où n'importe quel poste était confié à n'importe qui ?) lui parvint lui conférant le titre de « commissaire de fer » et lui ordonnant de rejoindre une affectation dans le sud du pays. Il s'y rendit, accompagné de sa mère : que pouvait-il faire d'autre ? Sans rien comprendre, il fallait accepter. Il nageait dans l'incohérence et dans l'incompétence.

Mais Madame sa mère était une femme intelligente, au sens pratique, qui semblait ne jamais perdre le nord. Elle inventa un vinaigre au nouvel arôme, y investissant le peu de ressources qu'elle avait et, à eux deux, ils exploitèrent là-bas cette trouvaille, source de profits...

Le temps passa... Un second télégramme arriva, aussi incohérent que le premier, intimant au « commissaire de fer » l'ordre de revenir à son point de départ. La pagaille continuait dans cet immense pays où les ordres se déformaient en traversant les différentes régions où les langues et les ethnies n'étaient pas les mêmes et ne se comprenaient pas.

Profitant de ces contradictions, muni de ce télégramme officiel et salvateur, toujours suivi de sa mère, Sania rejoignit l'ouest du pays et passa les frontières qui les mèneraient vers une Europe accueillante.

Il arriva en France.

Par relations, par ses brillantes facultés personnelles, il devint très vite un important producteur de films. Il épousa la plus belle fille du monde, June, une Anglaise, fille d'un grand acteur shakespearien, Nicholas Hannen. Ils eurent une première petite fille, Ariane.

Sania m'apprit qu'il était devenu orthodoxe,

143

donc était ainsi sauvé. L'église orthodoxe de Paris aura fait beaucoup pour les Juifs.

Sania me fit l'honneur de me demander d'être la marraine de sa petite fille de trois ans déjà et, moi, qui n'étais rien, qui ne croyais en rien, j'ai accepté ; surtout après m'être entendu dire : « Vous êtes la marraine idéale, vous êtes française, et la seule ici qui porte son vrai nom. La seule ! »

Nous voilà à l'église de la rue Daru. Je suis allée plusieurs fois à des mariages ou à des enterrements. J'aimais la liturgie orthodoxe, ses chants, son faste ; inconvénient : il faut rester debout tout le temps ! Le pope se tenait devant moi et prononçait en russe des phrases rituelles que je faisais semblant de comprendre. L'enfant était drôle, trouvait tout cela très amusant. Quand le pope m'a dit de faire le signe de croix sur le front de la petite, j'étais assez impressionnée. Il a fait une courte prière qui se terminait par « Amini » – Amen. La petite Ariane a répété en riant : « Amini, Amini, Amini... »

L'enfant a grandi ; j'ai suivi, d'une manière un peu lointaine, peut-être, le choix qu'elle avait fait de devenir une femme de théâtre. Très jeune, elle recueillit tous les suffrages, obtint des subventions, fonda une sorte d'école et, un jour, s'installa au Cirque Medrano où je la retrouvai pour constater que son talent était égal à la renommée qu'elle avait déjà acquise.

Elle avait une autorité innée souveraine, je l'ai serrée sur mon cœur ; les rôles étaient maintenant inversés : elle était déjà une grande créatrice, le théâtre était un temple autour d'elle et, moi, j'étais intimidée, consciente de sa supériorité.

144

Nous nous revîmes ensuite. Très gentiment elle m'invitait à ses créations, me présentant à ses amis, ses collaborateurs. J'ai vu, à La Cartoucherie, d'admirables spectacles. J'avais à chaque fois l'impression de pénétrer dans un creuset de création.

Ariane s'est toujours intéressée à l'Orient. Avec Hélène Cixous, elles ont voyagé énormément : le monde est si vaste, il y a tant de gens divers ! C'est peut-être comme cela qu'elle a appris à aimer les êtres humains, à s'engager pour eux, à prendre une part active dans différentes causes. Elle est aussi célèbre pour ses prises de position que pour son œuvre théâtrale. Connue du monde entier, Ariane Mnouchkine n'a pas usurpé son surnom de « reine Ariane ». Vive la reine !

Je voyais souvent son père et j'ai gardé de lui une très belle photo. Il est venu plusieurs fois voir mon spectacle à la Madeleine et, la dernière fois, en saluant, je n'ai pu m'empêcher de dire, en découvrant sa présence : « Ah ! Sania ! Quel plaisir de te revoir ! » Je crois que ce fut notre dernière rencontre.

Ses funérailles resteront dans mon cœur la plus belle mise en scène de sa fille : dans l'immense studio vide depuis des années de Billancourt, Ariane avait organisé une cérémonie d'adieu étonnante de grandeur qui fut aussi, pour tous, une leçon d'amour filial.

Je suis arrivée à 16 heures, certainement la première. Elle m'a embrassée, m'a fait entrer et j'ai été écrasée par le vide énorme de cette salle qui, en principe, accueillait les décors des films.

Une arène déserte au centre de laquelle émergeait une grande estrade portant un catafalque recouvert d'un tissu rouge, tombant au sol. Là, un cercueil, recouvert de rouge lui aussi, comme pour une dernière parade. La petite casquette de marin soviétique, qu'il avait gardée toute sa vie, minuscule dans cet océan de rouge, était simplement posée. C'était une leçon de modestie et de fidélité aux origines.

Tout cela baignait dans la douceur des chants juifs et orthodoxes. Puis, j'ai signé le livre des condoléances : « Cher Sania, tu resteras toujours parmi nous. »

Ce fut une grande émotion. Une des plus grandes de ma vie !

Chapitre VII

LE PARTAGE DES MOTS

Il faut écouter avec ingénuité, rajeu-
nir son âme, puis se prêter au vertige...

Les trois plus beaux mots de la langue française sont

LIBERTE-EGALITE-FRATERNITE

Le mot peut être cruel ; un seul mot, « A mort », est une condamnation !

Il peut être aussi d'une grande beauté, un monde complet : amour, amitié, amicizia... c'est l'âme qui s'exprime. C'est toujours l'inattendu.

J'ai eu, cette nuit, je ne sais pourquoi, tout à coup, la sensation que j'étais habitée, illuminée par les mots... et tout ce que j'ai en moi de sensuel : l'oreille, l'œil, la peau, le cœur aussi (on n'en parle pas beaucoup !) prenaient naissance dans le mot.

Toute ma jouissance, ma joie de vivre, tous mes sens se sont éveillés quand j'ai compris que je vivrais des mots.

Après tout, c'est Dieu qui a créé le verbe, c'est tout de même une référence, n'est-ce pas ?

A vous de jouer

*C'est avec Claudel qu'est venue la révélation, une nou-
velle passion des mots ?*

Oui, une révélation, une passion probablement.
J'ai attendu longtemps avant de commencer à me
connaître. Les mots de Claudel m'ont apporté le
grand épanouissement de mon corps, de ma pensée. Mon âme a été séduite par une seule phrase
de lui : « C'est chose étroite qu'un couteau et le
fruit qu'il tranche, on n'en rejoindra pas les
parts... »
C'était vraiment le son qui me pénétrait comme
une femme peut être pénétrée, vous comprenez...
Le mot et le son ont guidé mon bonheur d'exister, mon épanouissement le plus profond. Tout
cela m'a été donné par des textes admirables qui
ont été des cadeaux de la vie.
Quand j'ai joué *Partage de midi*, je me suis offerte
tout entière dans ce personnage d'Ysé, j'ai osé faire
ce que personne n'a osé faire depuis. Je me suis
libérée, et le verbe claudélien a été ma renaissance.
C'est très beau que tout cela soit arrivé dans ma
vie.

Dans les mots, il y a aussi tout ce qui n'est pas dit...

C'est tout ce que l'on peut laisser supposer, en
ne mettant pas toujours des points. La ponctuation
est une chose importante, exactement comme dans
la musique les silences. Je crois qu'un texte doit
être respiré comme une musique, avec des croches,
des petites doubles-croches et des silences... Quand

j'étais jeune, j'ai beaucoup pensé à cela. Je regardais l'écriture musicale comme l'écriture littéraire, comme la phrase avec les trois petits points... le silence.

Aérer ses pensées, aérer ses textes.

Et invoquer l'air, qui est tout : notre capiton, notre lit, ce qu'on respire, ce qui irrigue notre peau, *l'air est un dieu* !

Claudel, pour vous c'était aussi Jean-Louis Barrault ?

La chance de ma vie a été de travailler avec Jean-Louis Barrault qui à l'époque a été créateur, découvreur, innovateur.

Il était le théâtre même.

Je m'insurge maintenant quand on veut absolument nous faire croire qu'Antoine Vitez a inventé le théâtre, a inventé Claudel, non ! J'ai beaucoup apprécié ce temps, c'est une **parenthèse lumineuse** dans ma mémoire, où j'ai fait partie de la Compagnie Jean-Louis Barrault-Madeleine Renaud, surtout par la rencontre de Claudel.

Il m'a apporté énormément, je ressens une infinie gratitude.

J'ai cité l'incomparable *Cantate à trois voix*. Je voudrais lire ici un portrait de Claudel par Jean-Louis Barrault :

« Ce qui se dégageait de lui c'était tout d'abord la densité, la puissance et la certitude. Peu d'hommes ont accompli leur vie d'une façon aussi totale. Il engendrait, père joyeux d'une nombreuse famille, diplomate efficace et parfois curieux,

151

homme d'affaires coriace, catholique engagé ; ce poète aux dimensions formidables, cosmiques, aux visions exceptionnelles, vécut en fait comme un écorché. Il y avait un révolté dans cet inquisiteur espagnol, il y avait un amant dans ce corps de paysan, il y avait une femme dans ce cheval... et son cavalier, il y avait surtout une flamme dans ce personnage de granit, il y avait enfin un enfant aux yeux bleus dans ce patriarche aux cheveux blancs, il y avait un bouffon dans ce haut fonctionnaire de la diplomatie française. »

La première fois que vous l'avez rencontré, qu'avez-vous ressenti ?

Jean-Louis Barrault m'a dit : « Aujourd'hui il faut que je vous présente à Claudel, il veut vous voir. » Nous étions comme deux pauvres petits lapins qui allaient se présenter devant l'ogre.

Je me suis assise, je m'étais faite belle, il a commencé par me regarder, avec une intensité, une indécence impressionnantes, puis il s'est tu. Il a très peu parlé, il m'a posé quelques questions auxquelles j'ai répondu tant bien que mal... Je crois que nous étions tous trois intimidés les uns par les autres.

Jean-Louis, qui était très fin, a senti son trouble, lui a dit : « Eh bien, Maître, nous n'allons pas vous fatiguer, nous allons partir... »

Après mon départ, il l'a rappelé : « Barrault ! C'est elle, c'est Ysé ! »

Je réincarnais ainsi le souvenir crucial de sa vie, l'heure du *Partage de midi*.

Paul Claudel, un personnage complexe, parfois critiqué...

Il portait une sorte de totalité en lui. Il a été critiqué pour son attitude envers sa sœur, qu'il adorait pourtant. Quand j'allai déjeuner dans son appartement du boulevard Lannes, il m'accueillit dans ce long couloir et me montra une vasque énorme en pierre sculptée : une tête de femme très belle, avec une chevelure immense qui peu à peu se transformait en eau, en ruisseau : une sculpture de sa sœur Camille. J'ai senti tout le remords qu'il pouvait avoir, peut-être d'une attitude dictée par son entourage.

J'aime les êtres complexes. Souvent on l'a mal compris.

Il avait une écriture modelée par son apprentissage de la calligraphie japonaise, il était habité par un grand amour de l'Extrême-Orient, où il avait été diplomate et, à travers lui, le monde s'est ouvert aussi pour moi.

Je me souviens de Claudel racontant le tremblement de terre de 1923 au Japon, et du même événement raconté par un ambassadeur européen : deux regards, deux voix différentes, et tout prend un autre relief...

C'est ainsi qu'on peut aller voir et revoir les pièces de Shakespeare, parce qu'il y a toujours une projection, la personnalité intime de l'acteur dans le rôle... Robert Hirsch dans *Richard III*, par exemple, était prodigieux, un très grand comédien.

Devant un grand auteur, on se sent modeste, et c'est honnête. C'est l'admiration qui crée la modestie.

Quand on vous lit, on est saisi par la précision des choses vues, votre approfondissement de tout le réel...

Le réel, c'est le surréalisme, au fond ; c'est la beauté cachée. Je suis très consciente de cela. J'ai du respect pour le caractère sacré du verbe.

Je pense à tous ces chants si purs en latin, ils m'ont profondément imprégnée dans ma jeunesse et m'ont donné une sorte de goût pour la vie.

Je le redis, mais vraiment : tout ce qu'il y a de bon en moi vient de l'enfance, des sons et des regards que j'ai croisés dans ma jeunesse.

Ensuite, comme je l'ai dit déjà, j'ai rencontré Claudel qui m'a révélée à moi-même. C'est fou ce que le rôle d'Ysé a fait de moi, parce qu'il m'a fait comprendre tant et tant de l'existence, approcher la vérité.

Claudel a été mon poète.

Pour vous l'acteur est d'abord le messager d'une parole, l'éclaireur des mots ?

Comme les évangélistes ? Oui ! Montherlant a dit : « Les deux moments de la création dramatique

154

sont la création par l'émotion qui donne la matière, puis la création par l'art qui juge, choisit, examine et construit. » Le troisième moment, c'est la scène. L'essentiel de ma mission était de faire connaître des textes. C'est tout. Je ne me suis jamais prise pour autre chose qu'une interprète.

Par les mots, pourtant, le théâtre peut être très important ?

Il peut l'être, et il l'a été et le sera. Comme un révélateur.

Écoutez Shakespeare : « Ils sont pauvres ceux qui n'ont pas de patience. » La patience de la vengeance... Pour le bien ou pour le mal, il faut de la patience. Et ceci : « L'espérance d'une joie est presque égale à la joie qu'elle donne. »

Vous aviez le pouvoir de capter l'attention, de toucher l'âme...

Mais c'était à travers des œuvres qui n'étaient pas de moi, que j'assimilais, que je faisais miennes. Nous prenons la substance d'un auteur, nous l'enrichissons, ou nous la déformons. Nous sommes très fidèles ou nous lui apportons une dimension nouvelle. Beaucoup d'auteurs m'ont dit : « Mais je n'avais pas vu ça, mais c'est curieux, mais comme c'est bien... » Nous finissons par mieux connaître le personnage qu'eux-mêmes. J'aime approfondir et partager. Il est évident que le fait de connaître à

155

fond des personnages nous enrichit, ou nous abîme suivant la qualité de ce qui est joué. A nous de prendre le risque !

Vous parlez aussi d'un temps où les auteurs avaient un grand prestige : Claudel, Giraudoux, Cocteau...

Mais ils l'ont toujours, ce prestige, ils l'ont encore et l'auront éternellement.

Jean Cocteau, très jeune, avait séduit déjà tout Paris et il séduira encore longtemps. C'était aussi un comédien, il voulait séduire, surtout la jeunesse. Il y a réussi parfaitement puisque les jeunes l'aiment encore et toujours. Que la paix soit toujours avec lui.

Giraudoux, très Quai d'Orsay, très fermé, avare de paroles, très mystérieux, me faisait parler, m'écoutait mais, lui, se livrait peu. On avait l'impression qu'il recréait le monde d'après sa propre vision. Il prenait beaucoup de vous sans grand échange et, cependant, il me témoigna une grande confiance. Il m'a confié sa pièce *Sodome et Gomorrhe,* ce n'était pas rien !

Jouvet n'était plus là pour le conseiller et, après la lecture qu'il m'a faite de cette pièce dont personne ne voulait, comme je restais muette, il a insisté. Après un long et pénible silence, il m'a dit :

« C'est affreux d'attendre ! Jouerez-vous ma pièce ?

— Il faudra d'abord convaincre, trouver un théâtre, ce ne sera pas chose facile. Je m'y emploierai, je vous le promets. »

C'était la seule chose qui l'intéressait.

Claudel, quant à lui, nous offrait le monde, il avait le monde en lui, il respirait l'universel !

Il y a aussi des auteurs qu'on refuse.

Ah ! ceux-là vous en veulent à mort ! Il est plus prudent de repousser les avances d'un homme que celles d'un auteur ! On ne peut pas dire à quelqu'un que ce qu'il a fait est sans valeur, ce n'est pas possible. Au nom de quel droit, de quelle supériorité ? On n'a pas le droit de décourager qui que ce soit, c'est pourquoi je me suis abstenue de faire partie d'aucun jury.

En revanche, par certains conseils pratiques, on peut aider... D'une façon ou d'une autre, je reste une servante des auteurs dramatiques, de toutes les générations et de tous les bords.

Quand on défend une œuvre qu'on aime et qu'elle est mal reçue, on en souffre comme si on en était l'auteur. On peut être amené à suggérer à celui-ci quelques modifications, quelques changements qui amélioreraient... Souvent on est mal reçu : « Mais c'est moi l'auteur, n'est-ce pas ! »

Ainsi Stève Passeur, auteur de *Je vivrai un grand amour ou je ne vivrai pas*, et qui avait beaucoup de talent, mais aussi un caractère impossible, s'obstinait à venir me lire toutes ses pièces et quand on ne lui disait pas tout de suite que c'était génial, on se faisait traiter d'idiote ! Un jour il me dit : « Marguerite Jamois et vous, vous êtes aussi bêtes l'une que l'autre. » J'étais ravie parce que Marguerite

157

Jamois était une femme intelligente, une directrice de théâtre remarquable. Je lui disais alors : « Eh bien, écoutez, donnez votre pièce à quelqu'un d'autre ! » Mais il revenait quelque temps après, et il m'engueulait vraiment, pour le plaisir de m'agresser : « Mais vous ne comprenez rien à rien ! » me disait-il.

Les auteurs peuvent se révéler pires que les amants.

Anouilh était très fuyant, très difficile à saisir, hermétique. Je crois qu'il aurait voulu être acteur aussi... mais il ne les aimait pas.

C'est avec Cocteau que j'ai eu le plus de plaisir à écouter. C'était une invention permanente. Cocteau était un sommet, il savait très bien ce qu'il voulait, valait. Chaque parole qui tombait de sa bouche était soit un aphorisme, soit une poésie. Il savait rompre l'atmosphère, hostile parfois, créer un climat de fantaisie et de drôlerie.

Nous avons voyagé avec *L'Aigle à deux têtes,* il venait souvent dans ma loge. Il m'a parlé, un soir, d'une femme qu'il avait beaucoup aimée, la princesse Nathalie Paley, qui était très belle. Il avait failli être père. Il y avait eu entre eux un malentendu terrible et il en avait beaucoup souffert. Il me racontait cela parce qu'il savait que je pourrais comprendre.

Cocteau était imprévisible, jamais méchant ni grossier. Il gardait toujours une tenue remarquable. Un homme d'une grâce infinie, facétieux, voulant plaire, et souffrant quand il n'y réussissait pas. Une coquetterie sincère, une allure, une invention perpétuelle pour faire vibrer, chez les autres, l'admiration ou la curiosité.

Parmi les auteurs de tous les temps, quels sont ceux qui vous parlent toujours ?

Hélas, ils ne sont plus là pour me parler, je le regrette. Il y a Shakespeare, Racine, Corneille aussi, qui était un grand « théâtreux » si j'ose dire, et puis Musset, et Marivaux – dont on a découvert assez récemment la cruauté, la force de vérité, grâce à Patrice Chéreau. Le marivaudage a perdu son sens. Les jeux d'amour et de hasard sont durs dans *L'Île aux esclaves*, une pièce très forte, encore très actuelle.

Vous me parlez de tous les temps : aujourd'hui Eric-Emmanuel Schmitt a une écriture. Il est inspiré, il est doué, il est capable de tout, il a du feu, il veut tout manger, il entre dans tous les mondes.

On m'a demandé déjà ce que j'aurais aimé jouer encore, je ne sais pas, tout cela est si loin. Je n'ai pas de regrets. A quoi servent les regrets ? A rien du tout ! J'ai pris ma vie comme elle arrivait, je n'ai jamais fait une démarche pour solliciter une pièce ou vouloir quelque chose. C'est tellement plus agréable de consentir...

En résumé, il faut se plonger profondément dans l'œuvre, quelle que soit son époque et quel que soit son auteur. Chaque fois que cela en vaut la peine, il faut donner chair à la pensée de cet auteur.

Tout à fait par hasard, j'ai découvert un article d'Alexandre Astruc, je le trouve très beau :

« Pour le comédien, le théâtre ne s'arrête pas lorsqu'il sort de scène. Il continue au-delà, irriguant sa vie privée. Les rôles que l'acteur joue le prennent tout entier, tissant une toile d'araignée dans sa cervelle. Il est porteur d'une autre vie qui cogne à ses tempes, ne lui laissant pas de repos. Il s'avance comme dans un songe, aux prises avec son démon ; le théâtre et la vie s'interpénètrent ; le comédien ne s'appartient pas à lui-même, il est tout entier au service de ce dieu mystérieux qui se dresse à ses côtés lorsque le rideau rouge se lève. Il balbutie des bribes de phrases arrachées à un grand rêve. Il est le lieu d'une alchimie secrète qui se dénoue lorsqu'il se trouve à nouveau sur la scène. Les personnages qu'il interprète vivent en lui, le dévorant tout entier, attendant pour s'avancer devant le noir de la salle que les trois coups retentissent, les libérant de leur gangue humaine. Ils étincellent sous les projecteurs et le comédien n'est là que pour les servir, retrouvant un air raréfié dans lequel il s'épanouit, vivant sa vraie vie, endossant une enveloppe **qui le grandit**. »

Art, argent : jouer, c'est aussi un travail ?

C'est un travail, pour gagner sa vie. J'ai toujours travaillé ! Je n'ai pas été de ces femmes qui restent trois ans sans rien faire parce qu'elles trouvent que ce qu'on leur propose n'est pas digne d'elles.

Le métier d'acteur, si tant est qu'on puisse parler de métier, mot qui implique une continuité, une sécurité, alors que notre art doit être un incessant devenir exige que nous soyons capables de cette réflexion aux aguets qui ne se satisfait jamais de son expérience.

Celui qui se fige dans son succès et dans les moyens de le déclencher n'est pas un artiste. Le danger le plus sournois pour tout acteur qui a réussi est peut-être **l'assurance de soi**.

Une chose est d'apprendre un texte, une autre d'inventer une interprétation : à partir de quoi ?

Quand je devais interpréter une pièce difficile, un classique par exemple, je cherchais beaucoup de documentation, dans d'autres textes contemporains de la pièce. Mais, à force de chercher, on se perd. Un rôle est comparable à un petit cocon que, jour après jour, on enrichit d'un brin de soie.

Tout apporte tout à qui sait prendre, transformer la réalité en poésie, s'enrichir de fantasmes, de symboles.

Chaque époque apporte son théâtre, chaque pays aussi. C'est pourquoi il est si difficile de traduire des pièces de Pirandello exactement comme celles de Strindberg : il y a des familles d'écrivains... ce sont des îliens.

Chaque pièce m'a transportée dans un univers nouveau, des connaissances nouvelles. J'ai trouvé ma pâture en tout, aussi bien dans la lecture que dans la musique, que dans les gens que je rencontrais, les propos que j'entendais : tout me servait pour interpréter et dire les mots.

J'ai toujours aimé les œuvres de qualité, la beauté de la langue, le mot.

Un mot c'est important, c'est pourquoi il faut être précis.

Dans certains poèmes, le mot se fait musique et énergie, comme Vents *de Saint-John Perse...*

Un grand poète très difficile à dire. Les mots et la musique sont des choses très différentes. Le mot est un son, la musique est une poésie.

La mauvaise musique peut être affreuse ; ce qu'on entend actuellement n'en est d'ailleurs pas, c'est plutôt de la technique. Cela changera, j'espère. Je m'insurge maintenant contre le son qui est tué par la technique, qui n'a plus rien d'authentique.

Dans mes premiers films, déjà, j'avais une petite voix nasale qui n'était pas moi, j'en étais furieuse. Mme Françoise Rosay, une voix de baryton, quand elle a joué dans *La Kermesse héroïque* où elle était merveilleuse, avait soudain une voix d'enfant...

C'étaient les balbutiements du parlant... Maintenant les effets sonores, les mixages sont vraiment au point, apportant un grand secours à des voix sans timbre, qui en ont bien besoin. Mais, dans un cas comme dans l'autre, c'est une technique qui n'a plus rien d'humain.

La technique est contre la vérité, la technique tue la qualité. On crève de la technique aujourd'hui !

162

Tout cela est au détriment de l'expression et de l'émotion.

L'amour des sons ne finit jamais ?

Qu'y a-t-il de plus beau qu'un son ? Imperceptible d'abord, qui se gonfle peu à peu.
La nature est remplie de sons, de voix.
Savoir écouter un oiseau qui chante le soir.
La « passe à la bécasse » a lieu au mois de mars. Il est 7 heures ; dans le silence profond de la forêt qui s'endort, tout à coup on entend les bécasses qui font : kch, kch, kch... C'est un chant d'amour inoubliable, oui !

On peut aussi soigner par les sons, au-delà des mots...

J'en ai beaucoup parlé avec le professeur Tomatis, qui était allé en Inde et dans tous les pays d'Orient, avait étudié leurs techniques. Il avait acquis une universalité et semblait appartenir au monde entier, comme tous les grands qui cherchent la vérité partout et toujours.
Il m'a raconté la plus belle expérience qu'il a faite : un jour, une femme lui a amené son enfant qui était resté muet jusqu'à l'âge de six ou sept ans, emmuré dans un silence hostile. Elle lui a dit : « Ecoutez, si quelqu'un peut le faire parler, si quelqu'un peut le dénouer, c'est vous ! » Alors il a enregistré la voix de la mère, très douce, très tendre, sur un climat sonore d'eau – qui reflétait les eaux

du ventre maternel ; c'était un texte très apaisant, comme une berceuse. Cet enfant si buté, si fermé, tout à coup, en entendant la voix, s'est tourné vers sa mère, lui a souri et s'est jeté dans ses bras, et il a parlé ! La magie des sons l'avait dénoué. C'est prodigieux, n'est-ce pas ? Il a été guéri, c'est une belle histoire.

C'est la puissance du son, la puissance de l'imagination aussi.

La vue aussi est une chose merveilleuse. Etre en bonne santé, avoir un sang, un regard, ressentir les choses, la sensualité... pour moi tout vient des mots. Ce que je dis vous paraît fou ?

La folie des mots...

Mais c'est beau, le mot. MO... c'est large, cela respire ! Il y a aussi l'agencement des mots, le son d'une voix. Le timbre de la voix a beaucoup d'importance pour moi, c'est une espèce d'irrigation, de lévitation aussi. Un jour que j'étais en scène et que je me sentais bien, j'eus l'impression que quelqu'un me tirait par les cheveux là-bas, là-haut...

Votre vocation n'est-elle pas de tout amplifier en vous, pour le restituer ? On vous devine si volontiers parmi les divinités de la Grèce...

Mais il y a aussi des femmes de mauvaise vie dans la mythologie ! Quand on peut voir une représentation dans un théâtre comme celui d'Epidaure, le

164

temps, les siècles sont gommés ! L'artiste devient alors une sorte d'aimant de tout ce qui peut magnifier l'être... J'ai écrit que le théâtre n'est pas forcément LA vérité, mais qu'il est l'aspect le plus fascinant d'UNE vérité : l'existence de l'humain. Je le crois profondément.

A la scène, dans un rôle, y a-t-il eu pour vous une « première fois » ?

Il n'y a pas de « première fois », car on ne sait jamais que c'est une première fois. On ne sait pas non plus que ce sera la dernière. Ni quand cela sera.

Le théâtre est un divertissement. L'acteur un messager.

Le mot est quotidien, la parole est divine.

Et s'il ne reste rien, c'est que tout aura été donné.

Chapitre VIII

LA TOURNÉE DES VOYAGES

Le théâtre doit d'abord être un divertissement pour tous.

Toute l'équipe d'une pièce, des acteurs au plus simple machiniste, constitue un tout qui assure le succès ou est à la base d'un échec.

Le théâtre est une forme de démocratie...

Vous avez porté le théâtre français sur toutes les scènes d'Europe et d'ailleurs : avec quels complices ?

Je voudrais commencer ici par rendre hommage, dire mon amitié et admiration, à Fernand Lombroso et à sa sœur Odette. Tous deux impresarii de tournées.

Fernand était un grand personnage. Il me semble que je l'ai connu depuis toujours et l'hommage qui lui a été rendu par le Molière d'honneur était amplement justifié. C'est la dernière fois que je l'ai entraperçu et je n'ai pas eu le temps de le revoir.

Il était communiste, Juif séfarade, doté de franchise et de courage. Riche d'humanité, d'aisance, il a fait aimer le théâtre français dans le monde entier. Odette lui ressemblait, elle a été une parfaite collaboratrice.

Moi, qui en fait ne savais rien, j'ai beaucoup appris par eux sur la religion juive et ses rites. Il me racontait l'histoire de sa famille, originaire du Portugal. Après le tremblement de terre de 1715,

169

une loi stupide mais cupide, rendant les Juifs responsables de cette catastrophe naturelle, les exila.

C'est à eux deux que je dois d'avoir été « promenée » dans le monde entier, même si je n'ai pas pu toujours suivre.

Ma vie n'aurait pas été ce qu'elle a été si je n'avais pas rencontré ces deux êtres qui se dévouèrent au théâtre français. Ma carrière n'aurait pas été internationale.

Les autres pays vous ont toujours tendu les bras ?

Il me semble que le monde est vu et compris à travers une trame douée d'intelligence : il peut y avoir un événement qui commence en Amérique du Sud et qui finit en Sicile, un autre qui commence dans le nord de la Norvège et s'achève en Espagne. Un pays auquel j'ai tant rêvé.

J'aurais dû faire davantage de grandes tournées, et puis je ne les ai pas faites car je devais m'occuper de mes parents.

Mais je suis allée au Canada, au Proche-Orient, dans les pays du Nord, en Grèce et ailleurs.

Ce que je n'ai pas pu voir et avoir, j'en ai rêvé.

L'Espagne péninsulaire, où vous n'êtes jamais allée, que vous évoque-t-elle ?

Mélange de christianisme, de judaïsme et d'islam. Dans une île comme Majorque, il y a sur les crêtes des montagnes intérieures les palais des cheikhs, avec leurs jardins, rafraîchis par des para-pluies de fines gouttelettes d'eau qui vaporisent et rafraîchissent. La géographie en est très belle.

A Valldemosa, dans la chartreuse où Chopin a vécu, une femme faisait visiter. Avec morgue et mépris, elle a naturellement évoqué George Sand en ces termes : « C'était une horrible putain, comme le sont d'ailleurs toutes les Françaises. » J'ai simplement dit : « Merci, madame, je le suis aussi. » Elle a été un peu interloquée, à peine, mais pas autrement surprise.

Toujours à Majorque, je me promenais seule une nuit. Des marins me suivirent et, quand ils me dépassèrent : « Mais c'est une vieille ! »...

Vivre et jouer, c'est comme une traversée, ou comme des vies successives, chacune effaçant la précédente ?

C'est le plus grand danger pour nous. La routine ! Elle est notre pire ennemi. Il reste toujours quelque chose d'une ancienne interprétation. Découvrir, tout à coup, qu'on avait déjà dit cela dans un autre rôle, sur un autre ton peut-être... Il faut être très attentif, se méfier, ne se sentir jamais en sécurité, prendre le temps.

C'est pour cela que c'est très dommageable pour nous d'apprendre une pièce en huit jours et de la jouer, ensuite, en public avec un trac fou. Quelques personnes très douées peuvent s'y essayer, mais, moi, non.

Au contraire, j'ai aimé avoir du temps, j'ai aimé

voir venir, j'ai aimé une lente incubation du personnage.

Si on ne le fait pas, c'est là que notre art devient
un métier.

Chaque rôle est comme un nouveau pays ?

Chaque pays, aussi neuf qu'il soit, vous apporte
une réminiscence.

A Venise, on pense forcément à Othello, le
Maure.

Il y a des familles de rôles, comme il y a des
familles d'individus, comme des paysages soudain
dévoilés.

En tournée, a-t-on le temps de regarder alentour ?

On a toujours le temps de regarder ! On fait des
kilomètres et des kilomètres, en voiture, avec un
chauffeur qui ne comprend pas très bien pourquoi
on lui demande de prendre un autre itinéraire que
celui indiqué par le directeur de tournées.

J'ai de très bons souvenirs, lorsque c'était l'administrateur Jean Malembert lui-même qui me
conduisait. D'une grande culture, connaissant parfaitement les itinéraires et choisissant parfois pour
moi aussi, il m'a donné toute sa connaissance des
lieux, de leur histoire : nous avons découvert la
France. C'était mon meilleur ami.

Mais, lorsque la troupe était trop nombreuse, on
me confiait à un chauffeur.

En traversant, un jour, le Périgord... « Arrêtez-vous là ! – Mais pourquoi, madame, on va être en retard ! – Non, non, ça ne fait rien... » Je montais dans une demeure, je faisais la personne qui était invitée, qui s'étonnait que les maîtres de maison n'aient pas pensé à mon arrivée, je faisais toute une comédie, je me suis beaucoup amusée ! Et je me suis fait des amis comme cela aussi... J'étais très joueuse à ce moment-là. C'est tout un art de mentir, et je sais mentir : « Est-ce que madame m'attend ? J'espère que je ne suis pas en retard pour le thé ! – Mais non, madame, pas du tout, entrez, je vous en prie !... »

Cela m'est arrivé, d'une autre façon, à Toulouse, une ville que j'ai adorée. Où j'entrais dans les cours des hôtels particuliers et regardais longuement les architectures de pierre rose. J'étais ivre de beauté, lorsque j'entendis une voix : « Mais qu'est-ce que vous faites là ! Mais montez, montez ! – Non, je ne viens pas pour des mondanités, je viens pour voir la cour ! – Ça ne fait rien, on va prendre une tasse de thé ! » Alors il a fallu que je me débatte pour ne pas être grossière...

« La vie est belle, le monde est beau et heureux, c'est Dieu qui l'a voulu » *(La Folle de Chaillot).*

Il ne s'agit que de le savoir et l'aimer.

On n'entend pas cela souvent, on nous écarte de la beauté du monde...

Nous vivons maintenant dans une période de catastrophisme. N'oubliez pas que ce sont des souvenirs de plus de quarante ans que je vous raconte là ! Aujourd'hui, chaque soir, devant la télévision, les gens s'attendent au pire et paraissent déçus quand il n'y a pas au moins un grave accident, une catastrophe. Ils zappent, ils zappent, cela fait une bouillie dans leur cerveau !

Dans le Périgord du VIIIe siècle, la France subissait l'invasion sarrasine. Une montagne a été creusée par cinq ou six cents personnes des villages environnants. Ils s'y sont cachés pendant le temps qu'il fallait. On se demande comment tant de gens ont pu survivre là pendant tout un hiver, certainement rigoureux : je l'ai visité en plein été et je grelottais. Pour finir, les Sarrasins sont partis, ils ont ignoré l'existence de ces paysans.

A l'entrée de ces grottes, à gauche, il y a des pierres creusées et vides, les tombes de ceux qui y sont morts. En me retournant, je me suis retrouvée exactement devant une réplique de la chaire que j'avais vue au pied des Météores en Grèce ! C'était probablement l'œuvre d'un sculpteur ou d'un ancien croisé qui était allé là-bas, en avait rapporté les formes.

De sorte que le monde me paraît pour ainsi dire petit, rempli de tout ce que j'ai vu. Je crois bien que, partout, j'ai vu le meilleur. Mais ce sentiment que j'ai est à base d'amour, d'amour de l'humanité, d'amour des pays... Le monde est un et multiple, peut-être éternel.

La tournée des voyages

Avez-vous aimé des maisons en particulier, ou vous sentez-vous plutôt nomade ?

Je suis une bohémienne, vagabonde, une nomade. Le monde m'appartient. Il est trop petit pour moi !
On ne possède rien, j'en ai été convaincue dès le début de ma vie.

Ne rien garder, c'est déjà une invitation au voyage ?

Je suis une paysanne sans pays.

Le voyage, comme tout dans ma vie, a un aspect public et un aspect privé.
Les tournées, c'est toute une hâte, des trains qu'il faut prendre en vitesse. On arrive, il faut recevoir immédiatement les journalistes, s'occuper de mille détails utiles et fastidieux. C'est un métier aussi, ne l'oubliez pas ! J'ai beaucoup travaillé.
Tandis que le voyage, que je faisais souvent seule, était le rêve ! J'ai retrouvé des lettres que j'écrivais à ma mère : « Maman, je vous écris de Kirkeness », ou bien : « Je pars demain pour Tromsoe, en Norvège », ou bien : « La tournée s'est achevée hier à Berlin ou à Hambourg, je repars seule en Grèce ou en Irlande... »
Partout il y avait, pour moi, les mots du Sud ou les mots du Nord, qui correspondaient à un amour, une aspiration ou un désir.
Le voyage était la grande évasion ; les tournées, le grand boulot.

175

J'ai beaucoup voyagé, à la rencontre de moi-même... ou d'autres êtres.

J'ai fait une traversée en Norvège avec un capitaine au nom absolument imprononçable. On m'avait dit : « Vous voyagerez avec cet homme-là, il est très bien, il est directeur de la compagnie ; il parle un peu le français. Il faut que vous arriviez demain au lever du soleil. » Je suis partie avec un monsieur très bien certainement, dont le français était vraiment très approximatif. Moi-même ne parlant pas un mot de norvégien, nous nous sommes mis à chanter, lui et moi. Il chantait dans sa langue, j'essayais de reproduire ses paroles mais n'y arrivais pas, et lui chantait des chansons françaises que je ne connaissais pas du tout ! Cela nous a tenus éveillés jusqu'à l'arrivée, mais le soleil s'était déjà levé !

On a le sentiment que la Russie était plus près de nous à cette époque qu'aujourd'hui : c'était avant le rideau de fer...

Je sais peu de la Russie actuelle, qui semble inaccessible maintenant, alors qu'avant 1917 il y avait des quantités de Français qui y vivaient. Les Barsacq notamment, qui avaient des terres dans le sud de la Russie où ils faisaient du vin. Ce sont eux qui ont importé les bordeaux là-bas. Il y avait aussi un chocolatier français qui était très célèbre, dont on vendait les produits dans l'Europe entière. Il y avait des liens beaucoup plus étroits, une affinité des peuples. Et puis les républiques baltes, la Lettonie, la Lituanie, étaient des pays très vivants et présents ; qu'ils fussent protestants ou catholiques importait peu.

Il y avait une plus grande intimité européenne.

Vous avez le goût des îles, je crois, avant tout...

J'ai aimé des paysages de France, de Norvège, d'Angleterre, de Grèce, du Proche-Orient, avec passion et bonheur. Mais ce que j'aime par-dessus tout, ce sont les îles.

C'est une petite partie du monde qui est déjà tout un monde, si divers, si imprévisible.

Un ami norvégien, Yann Liby, m'a emmenée, après la guerre, dans une île montagneuse où nous avons rencontré un paysan qui ne savait pas que les Allemands avaient occupé son pays ! Summum de l'isolement !

J'aime les îliens. Ceux de la Norvège, de la Grèce, de l'Italie aussi, ont des points communs : une mentalité particulière, farouche, assez sectaire mais hospitalière. En tout cas, ils sont séduisants.

Aujourd'hui, voyager est devenu une consommation parmi d'autres : il faudrait réapprendre ?

La Grèce pour 2 000 francs ! Paris-New York pour 2 500 francs !

Les compagnies font une surenchère, il leur faut ramasser de plus en plus de clients, remplir un charter. J'en ai entendu « des vertes et des pas mûres »... A Delphes, lieu admirable de calme, de pensée, de beauté, un jour une caravane de ce genre s'est arrêtée et quelqu'un a énoncé : « Oh, c'est toujours la même chose, quand on en a vu un, on les a tous vus ! »

Un jour, j'ai remis une femme à sa place, parce qu'elle disait : « J'ai fait l'Egypte, j'ai fait la Grèce... – Non, madame, vous n'avez pas *fait* la Grèce ! Ne vous vantez pas ! » Elle était furieuse, bien sûr...

Mais que font tous ces gens qui ne voient rien, qui ne sentent rien, qui partent sans aucune préparation ! Il faut être attiré par une curiosité, une rêverie, pour y aller. Autrement, quel intérêt cela a-t-il ? Un voyage, c'est un présent qu'on a attendu, c'est une attirance comme dans l'amour, c'est un appel.

Il y a aussi le goût de l'anonymat, ou mieux, de l'incognito ?

J'avais une amie grecque, Léna, qui était aussi une menteuse hors pair. Quand elle arrivait, elle inventait des histoires, disant à tout le monde que j'étais ambassadrice ! Nous avons vécu avec elle et des amis des nuits délicieuses sous les étoiles mais Léna, hélas, était sujette à des crises de dépression terribles. Elle avait une culture immense, mais un déséquilibre aussi grand ! Elle désespérait sa mère. J'ai parcouru toute la Grèce, du nord au sud, avec elle. Elle a essayé toutes les religions, toutes les opinions politiques, pratiqué le yoga, mais jamais trouvé cet équilibre tant recherché. Elle m'a beaucoup apporté et beaucoup inquiétée. Elle a fini par se suicider ! Cela m'a fait énormément de peine, elle me manque toujours. Ma solidité ne lui a été d'aucun secours. Les sectes orientales l'ont mangée toute crue. On m'a appris sa mort au Théâtre Montparnasse, au cours d'une répétition où tout le monde s'est étonné de me voir pâlir de chagrin et pleurer.

Des gens m'ont ainsi connue en Grèce et en Norvège pendant des années, sans jamais savoir qui j'étais.

Quand je mettais le pied dans un port comme Tromsoe, par exemple, comment voudrait-on que l'on sache là-bas qui était Edwige Feuillère ? C'était surtout pour moi la légèreté d'être une inconnue.

Après un rôle, il y a aussi le besoin d'une certaine « purification »...

Mais le voyage peut être le berceau d'un nouveau personnage. Je me trouvais sur une île à Syros, je remontais de la mer, un vent terrible soufflait, le meltem que j'ai cité.

Pour moi, c'était ce vent dont parlait l'héroïne de *Doux Oiseau de jeunesse,* un rôle que j'ai beaucoup aimé jouer.

C'était étrange, c'était moi qui respirais le vent et quelqu'un d'autre, le personnage qui, déjà, respirait ce ciel.

A vous de jouer

Les coulisses du théâtre fascinent : pour l'artiste, c'est seulement la contingence ?

Les coulisses, c'est l'usine, ce peut être le meilleur et le pire.

A notre arrivée dans une ville, nous nous rendons compte du dévouement, de la débrouillardise de nos habilleuses. Lorsque nous sommes happés, dès l'arrivée, par les journalistes, elles s'efforcent au mieux de distribuer les loges, pour déballer les malles, faire repasser les costumes.

Berthe a été, pendant des années, la « mamma » de nos tournées. Elle avait été chanteuse d'opérette et, un peu, la maîtresse du directeur d'un théâtre de province dans lequel elle avait débuté mais, espagnole d'origine et d'une nature jalouse, elle avait tiré sur lui et manqué de le tuer. Sa carrière de chanteuse s'était arrêtée là ! Combien de fois m'a-t-elle raconté sa jeunesse ! Elle prenait soin de mes crinolines de *La Dame aux camélias* et, quand elle était là-dessous, elle me chantait toujours : « Je ne donnerai pas ma place pour un boulet de canon ! » Elle était très drôle, très affectueuse mais portée sur la bouteille. Elle était impitoyable avec les admirateurs importuns.

Les coulisses, en tournée, sont la face mystérieuse du théâtre, un lieu aussi où tout le monde cherche et demande : « Tu n'as pas vu mon chose, tu ne sais pas où est mon machin, j'ai perdu mon truc... » J'avais toujours une pharmacie ambulante. Chaque fois que quelqu'un était malade, il venait dans ma loge. Je distribuais des aspirines, des Optalidon, et autres produits salutaires.

180

Il faut aussi que les membres de la troupe ne se déchirent pas entre eux.

Des rivalités qui se manifestent ?

Pas de rivalité, du cabotinage, simplement ! Un vieil acteur qui portait le nom d'un musicien célèbre d'autrefois parlait de lui-même en citant son nom, à la troisième personne (cela se passait il y a cinquante ans, mais aujourd'hui je connais de jeunes acteurs qui manifestent la même simplicité). C'est lui qui m'avait dit : « Ce soir, nous allons jouer à Liège – n'est-ce pas, j'y suis très connu et apprécié. Quand j'entrerai, j'aurai certainement des applaudissements. J'ai voulu vous en prévenir par courtoisie, pour que vous ne soyez pas surprise ! » Je lui ai répondu : « Mais je ne serai pas surprise du tout, je m'y attends d'ailleurs, je l'espère pour vous... » Il entre en scène, sans que le public réagisse. Pas la moindre ovation. Vous imaginez son humiliation ! Le lendemain, il a failli partir tant il était mortifié.

Il m'a fait des coups pendables ; à Naples, il me dit : « Je rentre à Paris, je ne peux plus supporter la troupe ! » Il l'aurait certainement fait si je ne l'avais retenu par des louanges et en l'assurant que la pièce ne pouvait pas être jouée sans lui !

Ah ! cette *Dame aux camélias*, comme je l'ai promenée en tournée et comme je l'ai haïe. On me demandait et redemandait sans cesse de la jouer parce qu'elle faisait recette. Elle a été, pour moi, comme une prison. Même Elvire Popesco m'a sup-

181

pliée, et je l'ai jouée dans son théâtre pour la dernière fois !

Je n'ai jamais compris pourquoi j'ai eu tant de succès dans ce rôle, mais un jour quelqu'un m'a éclairée : « Parce que vous les faisiez pleurer ! » J'ai écrit, il y a quelques années, un texte sur la véritable inspiratrice de la « Dame aux camélias », Alphonsine Plessis, et, au regard de sa brève vie, il y a vraiment de quoi pleurer !

« Sous le règne du roi bourgeois Louis-Philippe, une jeune femme publiquement entretenue apparaissait, pour le monde futile et frivole, en ces temps d'abondance et de paix, moins un objet de réprobation qu'un sujet de curiosité et de secrète envie. A condition, toutefois, qu'elle fût reconnue séduisante, qu'elle se montrât partout, au Bois, au théâtre, dans tous les endroits où fréquentent ceux qui, à Paris, tiennent le haut du pavé, qui font profession de s'amuser, qui jettent l'or par les fenêtres pour acquérir ou conserver une réputation, qu'elle se montrât parée des plus ruineux atours, étincelante de diamants et de perles, qu'elle soutînt victorieusement la critique, qu'elle menât sans fléchir la plus épuisante et la plus vaine des existences mondaines dans le ton délibéré de l'époque, que ses amants appartinssent à l'armorial de la noblesse et de la haute finance, la société éperdue de romantisme plus que de romanesque en faisait une reine d'amour. Pour peu qu'elle s'épuisât, qu'elle se tuât à ce jeu de parade et de débauche, que sous le fard de ses joues l'on devinât la pâleur mortelle des êtres rongés par la maladie, elle devenait plus intéressante encore, l'idole d'une foule insensée et cruelle, qui tolérait tous les écarts, les pires attentats à la morale, pourvu que la pécheresse ne désarmât pas un instant, qu'elle marchât en riant, pour le plaisir de ses adorateurs et la confusion des médisants et de ses rivales, à son supplice quotidien, vers sa tombe prématurément ouverte. Entrée dans le cycle infernal, il lui était interdit d'en sortir. A la moindre velléité d'indépendance et de contrition, ses spectateurs reprenaient à son endroit leur visage de fauve et accablaient la malheureuse, livrée aux rigueurs de l'hypocrisie et aux lois, traînant derrière elle, comme son ombre, l'écrasant fardeau de ses fautes... »

La coulisse, c'est l'égalité, on partage toutes les commodités et les inconforts, en essayant de ne pas abîmer les costumes un peu défraîchis... La naissance réelle vient quand on fait le premier pas sur le plateau, que la lumière s'allume et qu'on est éclairé. La magie de la lumière électrique est primordiale, mais j'ai joué dans des théâtres à ciel ouvert ; tout à fait à la fin de la guerre, il n'y avait plus de quoi éclairer les théâtres, nous jouions, d'ailleurs, en fin d'après-midi, on ouvrait alors la grande porte du fond de scène qui donnait sur une ruelle, on décoiffait le théâtre, et on jouait sous le ciel ! Cela créait parfois de curieux effets.

Je me souviens aussi d'une représentation en Italie, dans un superbe théâtre qui avait été l'Opéra de Gênes. Nous jouions sous les étoiles, c'était à la fois irréel et effrayant. Une salle immense de 1 500 places au moins, où il fallait parler très fort et très lentement.

Il faut adapter son jeu à la salle, on ne se donne pas de la même manière à une salle de 800 places qu'à une de 1 200 places, dans un vieux théâtre et sur une scène moderne. Quel que soit le lieu, il faut trouver le point de rencontre entre le théâtre et l'heure, et l'ambiance...

Les premières notes sont très importantes ; obtenues dans le silence avant la première réplique. Comme au concert, tout s'amplifie et se précise.

Il y a des moments d'indifférence, de moindre écoute ; alors il faut essayer de saisir l'attention des spectateurs par la ruse, par le charme, par le chant du texte. C'est un travail de domptage.

Chaque soir, ce sera le triomphe ou l'échec, ou ce sera tant pis... Il faut la foi, l'abandon, tout donner ! C'est comme un secret qui se révèle quand tout est fait. Après, il y a une immense fatigue, la conscience de ses imperfections, de savoir qu'il faudra recommencer demain.

C'est agréable, pourtant, ce mouvement perpétuel d'une tournée...

Je dînais souvent avec le directeur de la tournée, mon ami Jean Malembert, des tournées Herbert. Nous parlions de tout ensemble, et naturellement du patron, Herbert, qui voulait me convaincre que le trajet de Bordeaux à Marseille, ce n'était rien ! Qu'il serait fait d'un tour de roue ! Je résistais ! Ça nous faisait beaucoup rire... Il y avait des moments drôles, des moments où on devenait des gosses déchaînés, et puis il y avait des moments de doute ; c'est une vie réinventée, chaque jour.

Changer de lit tous les soirs donne l'impression qu'on n'est nulle part chez soi, qu'on n'a pas de maison, qu'on est sans attaches. Mais après tout, quoi ? L'essentiel, c'est d'être en bonne santé pour assurer la représentation du soir.

Au-delà de l'apparence, vous voulez toujours offrir une certaine image de vous ?

Mais c'est ce que tout le monde fait ! Au-delà de l'apparence, quelle image ?

Gens du Nord, gens du Sud, pour vous ce sont les mêmes rivages ?

Pour moi, les Norvégiens sont les Siciliens du Nord : les îles, l'isolement, la quiétude, le temps qui passe, la confiance qui s'installe entre les gens... Quand ils vous ont adopté, c'est pour la vie. Ils sont d'une grande fidélité. En toute simplicité, ils vous accueillent dans leur petite maison, vous font partager leurs coutumes, ils ouvrent vraiment les portes. En ce sens le Nord est plus accueillant que le Midi.

J'habitais à un moment une petite maison près de Bergen, à côté de celle qui appartint au compositeur Edvard Grieg ; tout est loin maintenant – il y a de cela cinquante ans, vous vous rendez compte :

un demi-siècle ! – mais j'ai tellement aimé les gens du Nord.

Dix ans plus tard, les plus simples des marins ou des paysans me demandaient de leur parler de « De Gaulle, Bardot, Thorez », sans distinction. Tout se brouille dans ma vieille mémoire !

J'ai aimé également ceux du Midi, mais d'un autre amour. Ils sont plus fermés sûrement. Les Grecs parlent très peu, du moins avec les étrangers.

J'ai eu de grandes amitiés, en Grèce. J'ai connu le célèbre musicien Hadjidakis. Sur sa cheminée il y avait une photographie de moi dans *L'Aigle à deux têtes* que je lui avais envoyée des années auparavant. J'ai eu presque tous ses disques et, quand Hadjidakis est mort, ça m'a fait de la peine. La musique de la Grèce est incomparable. C'est la mouvance, la vie, l'allégresse...

Une musique qui transporte dans un temps lointain, comme un écho de toujours !

Une grâce, une danse, une souplesse si remarquables.

J'ai fait la connaissance là-bas de Dora Stratou qui a consacré sa vie à réinventer les Ballets nationaux de la Grèce. Elle m'a fait connaître toutes les danses et les costumes de Macédoine, de l'Epire, du Péloponnèse, du Dodécanèse, de toutes les îles, tout ce fourmillement de différences. Dans le Dodécanèse ce sont déjà des Turcs, alors que les îles Claires, les Cyclades, c'est la lumière d'Occident.

186

Ah ! Que je voudrais revenir en arrière, retrouver tous mes amis du monde entier...

Vous êtes habitée par les lieux ?

Je me souviens de mon séjour dans l'île de Santorin, une des plus belles des Cyclades.

M. de Simoni, qui avait été là un haut fonctionnaire, m'écrivait des lettres très longues, me racontait la vie de ce lieu où il avait représenté la France.

Lorsque je suis arrivée à Santorin pour la première fois, j'avais l'impression d'être chez moi.

C'est une île qui a une riche histoire : il y a longtemps, très longtemps, un tremblement de terre l'a coupée en deux. On arrive devant une falaise énorme, toute calcinée et noire. Des petits ânes vous emmènent jusqu'au sommet, et là tout à coup la brisure se fait, l'on découvre une ville qui descend en pente vers la mer.

J'y suis retournée et j'ai découvert sa belle maison vénitienne – car les Vénitiens ont occupé l'île autrefois – avec des meubles magnifiques et inattendus. Très peu de temps après, il y a eu un nouveau tremblement de terre qui a tout réduit en poussière. J'ai connu là-bas un curé italien qui m'a parlé de cette île avec tant de force et de passion que je ne l'ai jamais oublié ; j'ai eu l'impression grâce à lui d'avoir vécu déjà à Santorin.

J'ai aimé tous ces gens, tous ces pays ! Ici et là, j'étais chez moi, chez personne. J'ai été chez des êtres ou vers des lieux qui me tentaient, avec une sorte d'attirance presque physique, comme en amour, pour une lumière, pour une voix, pour une sonorité...

Aujourd'hui encore, une amie proche, une admiratrice lointaine, a fait le voyage en France pour vous...

Je dois ici parler de mon amie, Maria-Cristina Muñoz. Un grand personnage, une très jolie jeune femme savante, à qui je dois d'être connue et aimée au Mexique et, par conséquent, dans tous les pays hispanisants.

A l'inauguration du Théâtre des Nations, elle était invitée, c'était alors une très charmante jeune fille. C'est elle qui, poursuivant ses études à Paris, m'a raconté l'histoire des deux Amériques. Elle m'a détaillé les noms de toutes les races, de tous les pays qui composent l'Amérique du Sud qui sont un excellent exemple de complémentarité géographique et culturelle.

Elle m'a consacré, avec l'aide de l'ambassade de France, un premier hommage fait de conférences, expositions, films. Il a eu un tel succès que, l'année suivante, elle a renouvelé cet hommage avec l'Alliance française du Mexique, portant sur le théâtre cette fois. Elle continue à faire aimer la France outre-Atlantique. Je lui dois beaucoup, et la culture française aussi.

Il ne faut pas rester comme Huysmans qui voyageait en esprit depuis sa chambre, il faut prendre la route...

Pourquoi pas, si l'imagination suffit !

Un jour on veut partir, il faut toucher, c'est une vie qui continue dans les siècles et les siècles.

Je suis restée infatigable. Je suis allée à Troie, j'ai fait tous les voyages importants et, comme Huysmans, j'ai rêvé des voyages que je n'ai pas pu faire.

Je me suis beaucoup intéressée à l'aventure de l'archéologue Schliemann, dont j'avais lu tous les livres, je suis allée visiter les lieux qu'il a découverts en Turquie.

J'ai lu avec passion *Les Sept Piliers de la sagesse* de Lawrence d'Arabie – Thomas Edward Lawrence en vérité – et j'ai pu dire mon admiration il y a quelque temps à Peter O'Toole, prestigieux interprète de cette fresque humaine dans les confins du désert.

Les voyages ont toujours été pour moi enrichissants, ils correspondaient à des pages de la littérature, à un rêve personnel, à la recherche d'un personnage de pièce.

Le voyage, c'est toujours une forme de quête.

A Jérusalem, c'est d'abord la mosquée qui vous a offert la splendeur du regard ?

Je voudrais retourner seule à Jérusalem. M'y recueillir en silence, dans la solitude.

Les hordes de gens qui descendent d'un car avec un état d'esprit proche de celui qu'ils auraient en visitant les Galeries Lafayette, faisant n'importe quel commentaire, ont une attitude pratiquement sacrilège.

A vous de jouer

Une de mes amies est restée longtemps devant le Mur des Lamentations, j'ai vu qu'elle avait préparé une lettre qu'elle a introduite, bien pliée, avec beaucoup de soin et de recueillement, entre deux pierres.

La visite du Saint-Sépulcre puis celle de la mosquée ont conforté en moi ce que j'ai toujours porté : un grand rêve d'œcuménisme.

Sainte-Sophie, à Constantinople-Istanbul, d'abord église byzantine, devenue mosquée, est aussi le symbole d'un passage entre la chrétienté et l'islamisme, même si celui-ci s'est fait dans la douleur.

Une ville que je désirais tant connaître : Samarcande, et toute la région. C'est un berceau antique, là aussi. Le lieu de passage d'un meneur, Alexandre, qui a rassemblé tous les peuples de l'Asie du Nord, de Gengis Khan, de Tamerlan...

Je crois que partout où quelqu'un a voulu créer une foi, une vérité, une beauté, cela résiste à l'oubli du temps et des hommes.

Chapitre IX

LE MIROIR ET LA VIE

Les choses n'arrivent jamais comme on les imagine, Dieu seul connaît le terme du voyage que je vais entreprendre...

Vous dites que le visage se transforme continuellement, et vous avez offert toujours le plus beau des visages...

J'étais certaine de ne pas être belle autrement que par ce que j'exprimais, par l'art. Donc ma beauté, si beauté il y a, ne vient pas d'un nez grec ni d'un ovale très pur que je n'ai pas, mais de l'intérieur que je transforme en beauté. On a vu des photos de moi à tous les âges de la vie, mais j'étais beaucoup plus belle en vieillissant que lorsque j'étais jeune... Et malgré tout le temps qui a passé je sais que ce qui émane en ce moment est une certaine forme de beauté. Je n'ai jamais été éprise de moi-même, je me suis regardée avec un regard critique, un regard de désir de perfection pour faire éclore ce « plus » qui est en nous.

La beauté, c'est d'abord l'exigence, la rigueur, le courage d'accepter de paraître un peu démodée parfois...

193

Vous n'avez jamais eu de réaction envers le miroir, l'obligation d'offrir une certaine image ne vous a jamais pesé ?

Mon miroir est intérieur. D'ailleurs, je sais très bien quand je suis bien et quand je ne le suis pas. Je le sens. C'est comme une question de température.

J'ai ici deux photographies avec les deux derniers présidents de la République, j'ai le même tailleur noir, la même coiffure. On croirait que c'est la même femme, à la même époque, et pourtant il y a quatre ans d'écart.

Cécile Sorel, qui était intelligente mais naïve, comme une enfant, m'avait dit : « Vous connaissez ma devise ? Embellir et améliorer chaque jour mon esprit, ma beauté et mon cadre... » J'ai essayé de suivre sa devise. Au fond, c'est ma propre approbation que je cherche, pas celle des autres.

Image offerte, image volée : dans le fait d'être photographiée, il y a parfois effraction ?

Le studio, c'est le boulot, un consentement professionnel où, évidemment, on cherche à donner la meilleure image de soi.

Autrement on est volée, on est violée !

Dernièrement j'ai vu un exemple affreux de cela : une sorte de courriériste très à la mode se vantait de ses talents de photographe et, pour appuyer ses dires, publiait un cliché de deux clochards sur un banc : Jean-Louis Barrault qui avait l'air d'un vieil ivrogne, et Madeleine d'une pauvre vieille rabougrie, c'était monstrueux ! On n'aurait jamais dû la publier, jamais ! C'était une offense à l'amitié, ils avaient bien le droit de vieillir et de s'asseoir sur un banc au soleil. Il a volé l'image de ce vieux couple aimé et respecté, sans son accord bien sûr. Cette cruauté m'a profondément choquée.

Comment vit-on le rendez-vous professionnel avec l'objectif, la caméra ? L'expérience du théâtre donne-t-elle une autre force ?

Le théâtre exige une projection beaucoup plus profonde et forte de soi, il faut une générosité charnelle et vocale. La caméra, en revanche, est un confessionnal, tout se passe très près, on parle souvent à voix très basse. Des acteurs qui n'ont pas de moyens physiques ou vocaux peuvent faire illusion.

La beauté naturelle est importante, mais parfois elle n'exprime pas grand-chose.

Le montage, au cinéma, est magique, parce qu'on peut rendre belle n'importe quelle actrice, mais la manière de se donner est toute différente.

Ce qui m'étonne, c'est lorsqu'on dit d'un acteur qu'il est fabriqué. Mais rien ne peut être meilleur que le fabriqué ! D'ailleurs tout est fabriqué. Ce n'est pas la vérité qu'on demande à un acteur, c'est une transposition de la vérité, il faut la faire aussi belle que possible. Dans ce sens le film réaliste a fait naître des moments incomparables.

Au théâtre c'est différent, c'est la vie qui passe à travers nous, c'est l'instant. Il se crée une sorte d'union, de connivence, de familiarité avec la salle, au moment où nous la faisons rire, ou pleurer.

Tandis qu'au cinéma, nous sommes une petite image qui va être tronquée, déplacée. Le monteur peut tout faire de nous, même traduire le contraire de ce que nous voulons exprimer par le déplacement d'un plan.

Qui a été plus grande que Simone Signoret à l'écran ? Merveilleuse ! mais au théâtre elle passait moins bien. Son jeu, tout intérieur, ne se projetait pas.

Votre réputation d'actrice « royale » est fondée sur l'art, mais pas seulement... vous faites naître des fidélités !

J'ai eu un grand complice qui est devenu un grand ami.

Enfant, dès l'âge de douze ou treize ans, il s'est fixé un but : collectionner mes photographies, glaner les documents retraçant ma carrière...

Je l'ai vu grandir, prendre de l'autorité, de l'humour, de la drôlerie.

La première fois que je l'ai fait tourner dans un film, il s'est évanoui devant moi ! Il m'a bouleversée.

Au début, nous nous sommes peu vus. De loin, je suivais sa carrière mais savais que, patiemment, opiniâtrement, il étoffait sa collection. Il a été engagé au Français où il a très vite acquis la réputation d'un faiseur de bons mots, de raconteur d'histoires drôles.

Il est le petit-fils du grand Feydeau.

Sa suite dans les idées me concernant fait de lui

un excellent documentaliste, un fidèle ami qui sera là pour témoigner dans le futur, si besoin est, outre ma carrière, de la femme que je suis. Peut-être saura-t-on, alors, si j'ai reçu plus que je ne méritais. Merci, Alain, vous êtes devenu un peu mon fils !

Vous avez souvent croisé la jalousie : c'est un sentiment compréhensible, à vos yeux ?

C'est à mon avis le sentiment le plus stérile qui soit. Il ne sert qu'à faire du mal aux gens qui l'éprouvent.

La jalousie est inutile et surtout maladroite, elle n'apporte que des tourments.

Même en amour, je n'ai jamais été jalouse.

Certains le sont par nature, comme on est blond ou brun. Etre jaloux et possessif, c'est un signe d'étroitesse d'esprit et de cœur.

La jalousie professionnelle est absurde. Mais il y a aussi chez nous une certaine élégance professionnelle : on reconnaît avec plaisir le talent de telle ou telle autre, alors que le public est parfois d'une injustice et d'une méchanceté terribles !

Comment avez-vous vécu la célébrité, au début, ce changement d'état ? Vous ne semblez jamais être dupe...

Les débuts sont si loin ! Je ne me souviens pas ! Si célébrité il y a, je ne l'ai découverte que beaucoup plus tard.

Il y a toujours eu deux personnes en moi, une

visible et l'autre invisible, qui me disait : Fais attention, attention !

C'est au fond ma solitude qui m'a beaucoup
aidée ; elle a empêché que je laisse ce faux vernis se
poser sur moi, ce faux vernis du vedettariat.

J'ai été, en tout, le personnage et le contre-
personnage. Je suis double, il n'y a pas de doute.

Je crois que j'étais faite pour être actrice, simplement.

*Vous paraissez immuable en vous-même : le succès, c'est
cela ?*

Le succès ? Mon Dieu ! Comme toutes les femmes,
j'ai bien aimé porter de belles robes, que les
hommes me regardent, oui c'est vrai, j'ai été très
coquette, mais je suis restée éperdument seule, je
suis née seule ! On est toujours seul à sa naissance,
c'est la pire expérience pour l'être humain : on sort
de l'eau et, tout à coup, on se retrouve dans un autre
climat, la vie terrestre commence...

Depuis que j'ai commencé à comprendre que le
sort de certains était moins enviable que le mien, j'ai
toujours manifesté un grand respect pour eux, pour
les petits rôles... Il y en a tant qui n'y pensent jamais !

Le succès donne des joies certaines, mais il donne
aussi des servitudes immenses : c'est le prix... on ne
choisit pas.

*Le théâtre, c'est l'hyperbole de la conversation humaine,
du dialogue ?*

Le vrai dialogue, c'est très rare. Je ne suis pas quelqu'un qui se répand.

Aujourd'hui, tout le monde ignore l'art de la conversation ; il faut donner beaucoup de soi pour l'entretenir, pour toujours la relancer, surtout ne pas parler pour ne rien dire, il faut alors se taire et écouter.

La conversation devrait être un échange, tout au moins un essai, de deviner l'autre.

Il faut sortir d'une conversation en ayant la certitude de ne pas avoir perdu de temps.

Mais combien de fois une rencontre n'apporte rien, et tourne très vite à la confrontation politique ou religieuse, tout devient agressif. Les gens ne se maîtrisent pas, ils disent n'importe quoi, chacun expose son point de vue, il n'y a pas de vraie conversation possible. Je ne suis pas réconfortante, n'est-ce pas ?

Maintenant, je deviens sourde. Je n'aime plus le bruit. Je « pionce » doucement, tout en essayant d'avoir l'œil vif et éveillé !

Le théâtre a-t-il façonné votre sens de la repartie, votre goût de nous parler ?

La réplique, c'est le fruit de l'expérience, de la vie. Maintenant, n'ayant plus rien à perdre, ni à gagner d'ailleurs, je parle en liberté, je peux dire ce que je pense, et je le dis parfois avec véhémence, parfois avec beaucoup de réserve parce que je ne suis sûre de rien... Je partirai sans être sûre de rien, jamais.

A vous de jouer

Vous êtes mariée au mystère, au silence des mots ?

Ce n'est pas toujours facile de parler. Surtout de répondre à des questions. Vous savez très bien que j'ai besoin de silence. J'écoute le silence, je m'entends très bien avec lui !

Comme je n'ai jamais été sûre de rien, j'attendais d'avoir une petite vérité à dire pour m'exprimer.

Peut-on toujours approfondir échange et complicité ?

Je garde un souvenir éperdument reconnaissant à Maurice Toesca et à sa femme Simone. Dès que nous nous sommes vus, nous nous sommes reconnus comme appartenant à la famille des êtres simples, vrais.

Maurice Toesca a écrit environ soixante-dix livres ! Le plus beau est sa déclaration d'amour pour Simone dans *Le Bonheur conjugal*. Il était critique, journaliste (au *Figaro littéraire*). Il faudrait relire tous ses articles sur les poètes...

C'était aussi un grand enfant. Deux êtres naturels, exceptionnels ! Ils sont dans mon cœur pour toujours.

Il m'a guidée et, souvent, conseillée pour mon écriture. J'ai vécu avec eux la période la plus heureuse de mon existence, la plus vraie.

Dans leur beau château de l'Aveyron, ils m'avaient invitée pour m'offrir le calme, la tranquillité afin que je mette un terme à la rédaction des *Feux de la mémoire*. Après le petit déjeuner, je devais travailler une heure ou deux. Ensuite, nous faisions une dégringolade de la montagne vers le carrefour de routes nationales où nous nous amusions comme des fous à arrêter toutes les voitures étrangères, nous livrant à des farces dignes des « Branquignols » ! Ensuite nous remontions vers la maison, heureux comme des collégiens.

Simone était une femme tellement dévouée à son mari dont le rêve fut toujours d'être un auteur de théâtre ! Elle tapait, tout au long du jour, sur la machine à écrire, les textes de Maurice. Malheureusement, je lui ai fait beaucoup de peine en lui disant la vérité, c'est-à-dire qu'il n'était pas fait pour l'écriture théâtrale.

Par la suite, Simone a été très malade, j'allais la voir souvent. Lorsqu'elle est morte, lui perdu, seul, s'est complètement replié sur lui-même. Il est mort dernièrement.

C'est avec eux que j'ai eu le plus profondément ce sentiment d'échange et de complicité, dans les faits simples de la vie comme dans le partage des idées communes.

Le public rêve toujours devant l'étoile, cette forme de vie supérieure de la scène ?

L'étoile est un astre qui fait rêver, mais que de sens lui a-t-on donnés ! Le public rêve. Toujours devant une étoile, astronomique ou scénique !

Il va voir une histoire, qui est bien ou mal jouée. Si vous le gratifiez d'une bonne soirée il est reconnaissant ; s'il s'est ennuyé, on est passé dans sa vie, c'est tout.

A vous de jouer

On ne parle pas assez de la modestie des artistes, et on a tort. Nous ne sommes pas nés pour éblouir mais pour tenter d'enseigner l'amour, le partage, la poésie et la beauté. C'est une vocation.

Les éloges des critiques touchent néanmoins ?

La critique peut être partisane ou destructrice. Comme tout le reste elle est souvent subjective, passant du dithyrambe à l'éreintement.

La plupart du temps, les critiques ont été transmises par personnes interposées. A la télévision, par exemple, il y a eu une émission, que je n'ai jamais regardée, qui consistait à « taper » sur tous les spectacles, à démolir toutes les réputations, où le cabotinage de ces Messieurs nous déchirait à belles dents. Avec une telle mauvaise foi prétentieuse ! Des démolisseurs, tout simplement.

Mais je n'ai que de bons souvenirs de Jean-Jacques Gautier, Robert Kemp et, plus récemment, de Michel Cournot et Marc Bru.

Un bon critique peut être notre ami, notre guide, un petit coup de griffe de temps en temps ne nous fait pas de mal, mais il y a une météorologie aussi pour cela.

C'est une vie d'apparitions : on se réserve pour apparaître et porter le message d'un texte ?

Nous voici en pleine sainteté ! Mais non, aucune apparition, simplement des interprétations !

Prudemment et modestement, j'ai essayé de transposer le message d'un texte.

Penser longuement, essayer d'en saisir les différentes tendances, se sentir suffisamment éloignée pour garder le sens critique, l'enrichir de ses propres expériences.

Parfois on a des triomphes qu'on ne mérite pas, ou des insuccès qu'on ne méritait pas non plus. Nous restons des artisans, soir après soir.

Je ne me suis pas assez méfiée des louanges peut-être, cela me faisait plaisir. Par contre, quand j'avais joué à contrecœur, à contre-intelligence, à contre-générosité, rien ne me paraissait excusable. J'avais un peu de mépris pour moi. Un authentique interprète est malheureux, pitoyable, quand il sent qu'en dépit de son insuffisance il est quand même ovationné.

Souvent on voit un acteur revenir de la scène hagard. Cela peut être aussi parce qu'il est monté au ciel... et en a été éjecté brutalement.

Je revois Carmen Amaya à Londres. Elle a dansé pour moi, a monté un immense escalier. Les grands volants blancs de sa robe la suivaient marche à marche ; on pouvait croire qu'elle allait s'évanouir dans l'espace. Puis elle se retournait très vite d'un coup d'éventail, c'était saisissant et mystérieux comme un vol d'oiseau.

Vous êtes le théâtre, Schwarzkopf et Callas l'art lyrique, Carmen Amaya et Argentina la danse, Amalia le fado... il y a une connivence des étoiles ?

C'est un monde à part que le nôtre.

Les danseurs se servent de leur corps, les chanteurs de leur voix... les comédiens de leur voix, de leur corps et de tout ce qu'ils possèdent, cela appartient à la même générosité initiale.

Nous voulons donner de la joie, du plaisir, du rire, de la grâce, du mouvement...

Il faut voir les Espagnols danser et chanter, comme ils y mettent toute leur âme, leur force vitale, leurs nerfs, leur colère intérieure, c'est beau !

Moi j'ai beaucoup aimé toutes les civilisations, tous les genres d'expression. Les chansons sont tellement révélatrices d'un peuple...

Un jour, dans votre loge, en conversation avec une Altesse et une amie, vous parliez ensemble un dialecte de l'Italie...

Vénitien, peut-être...

C'étaient comme la mère et la fille, très grandes, très belles...

Pour moi l'aristocratie, c'est avant tout une question de cœur, de respect d'autrui.

La noblesse, ce peut être un vieux paysan, souvent une femme très simple. Je connais des pêcheurs à la ligne qui sont des aristocrates, dans la manière dont ils parlent des yeux d'une truite ou d'une queue de saumon ou d'une sole... C'était sur les rives de la Loire, l'un d'eux me disait : « Celle-là, c'est une garce, elle a un œil... » et il s'agissait d'un poisson ! Mais pour lui, c'était féminin...

Il faut reconnaître la qualité des êtres, les respecter. Ce pêcheur avait été vingt ans au service d'un noble qui l'avait traité comme un frère, et lui avait enseigné les bonnes manières. Le respect mutuel et une affection qu'il n'avait jamais oubliée le faisaient s'exprimer comme son maître. C'est lui qui m'a donné *L'Épître du Tu et du Vous*. La connaissez-vous ?

Pas encore... Vous avez bien connu un seigneur de la littérature... Giono ?

Je l'aimais beaucoup. Giono était un aristocrate, lui aussi, par ses qualités, par ses œuvres. Il aimait la simplicité, les honnêtes gens.

Son pacifisme, au moment de la guerre, et son origine piémontaise l'ont rendu suspect. Giono est un des grands écrivains de la langue française par son ambiguïté de poète, de romancier, d'historien. Sa langue piémontaise et italienne vient aussi enrichir sa connaissance du français.

Troyat, dont j'ai déjà parlé pour son œuvre titanesque, a aussi enrichi son style grâce à sa double appartenance franco-russe.

De même que, chez des acteurs, un accent ou une particularité apporte souvent un « plus ». Elvire Popesco pouvait dire n'importe quoi, rire, pleurer, tout cela était tellement savoureux, tellement riche d'expérience humaine et théâtrale.

En tournant des films, vous n'avez jamais songé à laisser une certaine image de vous ?

205

Non, au contraire.

J'ai tout fait pour m'effacer derrière un rôle, que l'on oublie ma propre personnalité.

J'ai aimé travailler avec certains metteurs en scène, certains producteurs, parce qu'ils me demandaient de collaborer à la construction du scénario, ou au texte.

Même Nina Companeez, que je considère comme une des grandes du cinéma et du théâtre, m'a demandé mon avis pour les deux premiers films que nous avons faits ensemble : *Les Dames de la Côte* et *Le Chef de famille.* Tout ce qu'on fait avec précision, avec amour et amitié est passionnant. Pour Nina, c'était d'autant plus naturel et amical que j'avais travaillé avec son père, Jacques Companeez. Nous nous étions rencontrés près de Hambourg et nous avions tout de suite sympathisé. Nous avons longuement bavardé pendant toute une nuit. Il avait un charme, un pouvoir de persuasion ! Il pouvait inventer une histoire en cinq minutes, avait une imagination débordante. Et la mère de Nina qui était si belle ! Une sorte d'impératrice de l'ancienne Russie. Quant à sa fille, Valentine Varela, qui va bientôt créer *Partage de midi* en Suisse, elle est aussi belle et resplendissante que sa mère.

Dans les rapports humains, une certaine distance est féconde ?

Garder une certaine distance toujours, en amitié et en amour, en intimité, c'est une manière de rester dans son île.

Non que je joue un personnage, mais il a fallu que je me défende contre beaucoup d'incursions dans ma vie privée ; contre l'indiscrétion car certains fouillent partout, ils veulent tout savoir, j'en ai beaucoup souffert.

Je rencontre encore des personnes qui me racontent ma vie comme elles l'ont lue dans certaines gazettes.

J'ai été un peu traquée parfois. On essaie de se protéger, mais il n'y a pas de forteresse possible, même subtile.

J'ai connu des moments où l'on m'a même fait sentir que l'on en avait assez de me voir ! Cela aurait pu être meilleur ou pire, mais probablement je ne valais pas mieux, je ne valais pas moins non plus !

Vous avez forcément le goût du secret ?

J'ai le goût du secret, je ne le cache pas... Il ne faut jamais se livrer tout entier, sauf sur la scène, pour les élans de chair de *Phèdre*, de *Partage de midi* ou des *Doux oiseaux de la jeunesse*.

Mes adieux au théâtre : *Edwige Feuillère en scène*, étaient intéressants pour leurs vérités ; j'ai été émue par le film qui en a été fait. Serge Moati y a mis tout son cœur.

En scène, on est capable de se livrer énormément, par une espèce de libération, d'invention de soi. On se recrée à chaque personnage ; à force de se recréer, on arrive à faire de soi une femme multiple.

Etre acteur, ce n'est pas un métier, c'est un art, une vocation.

Chapitre X

UNE ENFANCE INFINIE

Ne sommes-nous qu'une enfance,
notre paradis perdu, tout le reste
n'étant qu'anecdotes éphémères ?

Souvenir et avenir : vous avez toujours choisi le présent...

Sans lendemain : c'est le titre d'un de mes films et c'est aussi moi. Je n'ai jamais pensé à ce qui pourrait se passer après moi, ni avant d'ailleurs.

Je me suis insérée dans une époque qui a eu ses grandeurs et ses défaillances.

J'ai rencontré des gens hors du commun.

Je ne suis attachée à rien. Je vis, c'est tout !

On sent chez vous comme la palpitation d'un éternel recommencement...

Je crois que je suis forte, même si j'ai été souvent malade au cours de ma vie, j'ai toujours joué : j'entrais en scène quand même !

C'est un bon apprentissage, une bonne philosophie de ne pas penser à soi.

On laisse tous ses malheurs, on ne sent pas cette douleur qui vous attend au retour, bien entendu.

Pourtant la voix trahit tout pour qui sait écouter. Un soir où nous jouions *La Folle de Chaillot*, j'attendais mon entrée dans les sous-sols du théâtre, j'ai entendu la voix d'un camarade en scène, curieusement détimbrée. J'ai dit : « Il a dû perdre sa mère », je la savais malade. C'était vrai, elle était morte le matin.

Aujourd'hui, il me faut tendre l'oreille pour percevoir des voix ou de la musique.

Le regard aussi ! Maintenant tout cela est un peu nuageux, comme un halo, ce n'est pas désagréable, jusqu'au moment où ça deviendra insupportable, mais là, on verra bien...

Vous aimez les ciels et les enfants...

Je me souviens d'une petite fille qui m'a suivie dans un port du sud de la Norvège.

Je descendais d'un bateau de pêche pour visiter la ville, il pleuvait, il faisait froid, cette gamine me suivait partout.

Elle m'a raconté des tas de choses sans se douter un instant que je ne comprenais pas un mot de ce qu'elle disait !

Cela m'arrive très souvent que des enfants viennent me parler ainsi, dans n'importe quelle langue.

Ça leur est égal, ils savent que je les comprends, ils comprennent que je les aime. Un regard suffit, un timbre de voix.

Une enfance infinie

Cet appétit des mots, il était déjà le vôtre enfant...

J'ai aimé les mots d'instinct.

« E donna mi chiamò beata e bella
Tal che di comandar io la richiesi. »
(Dante, version italienne de Hector Bianciotti,
de l'Académie française.)

Tout enfant, la sonorité italienne, si belle, m'a fait aimer les mots et c'est par l'amour des mots que je suis arrivée au théâtre.

J'ai essayé de chanter un peu car mes parents auraient préféré faire de moi une cantatrice, mais je n'avais pas assez de culture musicale pour cela ; l'idée de suivre la baguette du chef d'orchestre me paraissait une atteinte à ma liberté. Pourtant, j'avais une sorte de musicalité en moi qui est naturelle. On m'a souvent demandé : « D'où vient cette voix ? » Eh bien, c'est un don, c'était ma voix.

Vous avez écrit des mémoires, il y a vingt ans : avec le temps, le souvenir se transforme ?

On m'a demandé un livre de mémoires que j'ai écrit dans un moment très douloureux, tout de suite après la mort de ma mère. J'avais vu ce que c'était que la mort. J'ai voulu montrer la relation que j'avais eue avec elle.

Quelques années plus tard, j'ai eu beaucoup de plaisir, dans la seconde partie de mon livre sur la Clairon, à revivre cette vie du XVIIIe siècle, cette solitude finale, acceptée avec beaucoup d'élégance.

Même la douleur est un prisme qui change ses couleurs.

Mais si je devais écrire aujourd'hui, ce serait tout à fait différemment. Maintenant j'ai dépassé tout cela, je suis sereine, je trouve que « tout le monde il est bon, tout le monde il est gentil... » jusqu'à preuve du contraire !

Ce n'est pas si faux d'ailleurs ! Les êtres vous donnent parfois beaucoup d'espoir et vous en enlèvent beaucoup aussi. Un même être est changeant : un jour, on arrive devant un homme qui est gentil, prévenant ; deux jours après, il est insupportable ou tiède : pourquoi ? Il y a une météorologie de la vie intérieure... Je n'ai pas cherché beaucoup à comprendre, je ne sais pas si je serai apte à comprendre jamais. Parfois c'est mieux ainsi, cela préserve le mystère.

Dans *Les Feux de la mémoire,* j'ai voulu témoigner de ce qu'étaient ma famille, les paysages de mon enfance.

Jusqu'à sept ans j'ai été une personne, ensuite une autre ; quand j'ai eu onze ans, j'avais déjà eu des expériences assez étonnantes : par exemple le fait de changer de milieu, de langage, de pays, puis de revenir en France... Moi, j'ai savouré tout cela, mon enfance française, mon enfance lombarde et vénitienne.

Je me souviens que je trouvais ma mère belle, éclatante, avec beaucoup d'allure : rousse, avec une peau laiteuse.

J'étais très fière d'elle, heureuse.

Les jardins aussi ont tenu une grande place, et toute la nature que j'aime encore beaucoup.

J'ai essayé de garder ce contact vrai avec le monde. Je me suis préservée de tout ce qui ressemble un peu à une manière de vivre et de parader. J'ai voulu garder mon enfance, garder mes souvenirs, garder mon authenticité.

Quand la Première Guerre mondiale a éclaté, qu'a-t-on fait de vous ?

Etant donné la longueur de mon existence, il faut préciser qu'en 1914 j'avais à peine sept ans, mais j'ai compris que quelque chose de grave se passait. Ma grand-mère maternelle venait de mourir, et la guerre était là.

On m'a habillée très vite. Au dernier moment, ma mère a eu la présence d'esprit d'accrocher à mon cou la très belle broche qui était le seul bijou auquel elle tenait, je crois.

Arrivés à la gare de Dijon, une foule bruyante se battait pour trouver une place dans les trains en partance, et j'ai passé la nuit avec un petit garçon dans un filet à bagages... je n'ai plus revu le petit garçon, mais à sa place j'ai retrouvé un jouet, son jouet qu'il avait mis entre mes bras.

J'ai raconté cela dans mon livre de mémoires avec le vague espoir qu'un très vieil homme, maintenant, comme je suis une vieille femme, lirait cette histoire. Mais c'est tellement improbable ! S'il vit toujours, se souvient-il de cet épisode de son enfance ?

A vous de jouer

Vous êtes restée en Italie pendant tout le temps de la guerre ?

Non, pas toute la guerre. L'Italie n'est pas entrée en conflit tout de suite, seulement en 1915. Pourtant mon père, par devoir et par honnêteté, a voulu y revenir. Il a été un officier du génie jusqu'à la fin des hostilités. Il dirigeait une usine d'armement à cinquante kilomètres du front. Ma mère et moi sommes revenues en France, à Dijon où nous vivions. Au cours de la dernière offensive contre l'Autriche, il a été gazé et, lorsqu'il est rentré, encore sous le coup de l'asphyxie, presque aveugle, amaigri, en novembre 1918, ce n'était plus le même homme. Il a été condamné à une mort lente contre laquelle nous nous sommes battues, ma mère et moi, avec lui.

Pendant un an il a récupéré un peu, retrouvé en partie sa santé grâce aux charités américaines de l'YMCA qui l'a soigné, et qui distribuait aux victimes de la guerre des médicaments, des boîtes de lait et d'autres denrées. Cela m'a donné tout de suite une grande admiration, un sentiment fort pour l'Amérique !

Le monde lointain était déjà très proche pour moi.

Aujourd'hui, le lien avec les Etats-Unis n'est plus le même, peut-être par leur faute aussi, ils ont changé, l'époque a changé. Dans le sud de l'Italie, au début du siècle, les Siciliens mettaient l'image de la Madone à côté d'un billet de un dollar ! C'était le rêve du pauvre. Par bateaux entiers, ils sont partis avec trois pauvres balluchons, conquérir le Nouveau Monde. Ils y ont rejoint les Irlandais, aussi démunis

216

qu'eux, et d'autres... Tout un pan de l'Europe a été la base de l'Amérique d'aujourd'hui.

C'est curieux que vous me demandiez maintenant mon avis sur tant d'événements. C'est trop tard ou trop tôt !

Vous ne diriez pas : Familles, je vous hais !

Ah non, pas du tout, je dirais : Familles, je vous aime !

Le mot « famille » a tant de sens différents : famille d'intellectuels, famille de joueurs à la pétanque !... Famille signifie regroupement charnel ou social.

Moi, j'essaie de garder autour de moi des gens que j'aime, je n'y arrive pas toujours, mais il y a eu toujours chez moi beaucoup de respect, de tendresse, d'amour pour mes parents, pour mes grands-parents.

Avez-vous été une enfant gâtée ?

Une enfant unique, mais on ne me gâtait pas. J'ai dit une fois : élevée normalement par des parents normaux, c'est-à-dire des gens bien.

Vos origines lointaines, vous y intéressez-vous ?

Absolument pas !
J'ai reçu, il y a peu, une lettre de Lorraine, de

Petite-Rosselle dont mon grand-père maternel était originaire. Le généalogiste local a découvert cela un jour et il recherche maintenant mes ancêtres jusqu'au XVIᵉ siècle. Cela ne m'intéresse pas du tout, que voulez-vous que ça me fasse ?

J'avais un album avec tous mes ancêtres, où étaient réunis les Koenig et les Sire – c'est drôle qu'ils se soient unis, parce que c'est le même mot !

Les jeunes filles protestantes de bonne famille partaient pour la Russie élever les petits princes... Il y en a une qui a fait un mariage là-bas avec un certain Petreman ou Peterman.

Il y avait de tout dans ce petit livre en carton bouilli : des photographies d'ancêtres alsaciens, autrichiens du Tyrol. D'un autre côté, une photo de mon père en officier italien... Des familles, de très nobles personnages...

Toutes les origines sont belles par la poésie du souvenir qu'on veut leur dédier, la vie se vit jour après jour.

Vous aimez parler de Modigliani...

Il était beau, et d'un caractère entier, il affirmait fièrement : « Je suis peintre, italien, et juif, et je vous dis m... » Descendant des juifs expulsés d'Espagne au XVᵉ siècle, établi en Italie – comme les Modiano, leurs lointains cousins de destin –, révélé en France...

Tout est roman à la fin.

Une enfance infinie

Se souvenir, c'est revivre ?

Pour le moment, je suis assez seule, je repense naturellement à tout ce qui m'est arrivé, dans ce monde, je retrouve toujours en moi l'enfant. Capable de s'émerveiller, de pleurer bêtement aussi, d'ailleurs... Je pleurais beaucoup moins dans ma jeunesse.

Comme tous les enfants, je jouais à la marelle, bien sûr ; on jouait souvent à se cacher, jusque dans les arbres. La liberté !

La Lombardie et le Piémont sont le pays du vin, il y a des vignes à perte de vue, le raisin est là. Tout ce qui a trait aux vendanges est très beau.

Comme toutes les traditions, l'élevage des vers à soie, par exemple, ma grand-mère ramenait de la ville dans le creux de sa main de minuscules petits œufs, la valeur d'une once. Avez-vous lu *Soie* de Baricco ? On y raconte tous ces préparatifs, ce rituel. Petit à petit, ces tout petits vers à soie, après avoir chuinté pendant des semaines dans la pièce où ils étaient mis, devenaient des cocons de toutes les nuances de jaune. Il fallait ensuite les détacher des ramures où ils étaient accrochés, avec beaucoup de soin, les nettoyer de leurs impuretés. Avec délicatesse, on les plaçait ensuite dans de grandes corbeilles. Un jour précis, tous les paysans se réunissaient sous les colonnades de la cour d'honneur du Palais Rossi, pour les vendre aux enchères. Je pense que cette tradition n'avait pas évolué depuis le Moyen Age.

La moisson des blés, les vendanges et puis l'hiver... On vivait le chaud et le froid. L'hiver était un vrai hiver, nous habitions dans une très belle maison d'il y a quelques siècles, avec de grandes portes, des pièces immenses, des escaliers à claire-voie, et... qui n'était pas chauffée !

L'été c'était agréable, inondé de soleil. Je me souviens aussi des claies sur lesquelles on mettait les tomates à sécher, les champignons qu'on appelait *funghi*...

L'enfance est remplie de visages à interroger...

Nous étions en Vénétie, un jour mon père reçut un supérieur hiérarchique. Un capitaine sarde. Cet homme m'a tout de suite aimée. Il a été mon premier ami masculin ! J'avais neuf ans, lui trente-cinq, il avait une grande passion pour moi. Il me prenait sur ses genoux, me caressait très gentiment, m'embrassait, me donnait beaucoup de tendresse. Il m'a écrit pendant très longtemps... puis les gens disparaissent, meurent... Il m'avait offert un joli album de costumes sardes que je conserve encore.

La Sardaigne de cette époque n'avait rien à voir avec celle d'aujourd'hui, c'était une île mythique pour mon imagination d'enfant. Quand il parlait des coutumes et des bals, des fêtes qui se donnaient dans des costumes anciens, belle et longue tradition, je vivais ses récits comme des contes de fées.

Dijon, capitale des ducs de Bourgogne, a de très belles rues anciennes, un musée d'une richesse infinie, des hôtels particuliers témoins de la Renaissance, un théâtre somptueux. Les rues se nomment rue de la Verrerie, de la Poterie... elles sont restées comme au Moyen Age des petites rues aux maisons presque accolées. Les lieux aussi sont des visages qui nous parlent. C'est le visage de Dijon qui me recueillit à mon retour en France.

Au milieu de cela, comment les livres sont-ils venus à vous ?

Laissez-moi remonter dans le temps, dans un monde fermé par des conventions, plus profondes que les classes sociales. J'ai l'impression qu'il y avait des clans, des barrières infranchissables et que nous appartenions à une sorte de lie d'une société provinciale catholique. Les « gens bien » ne devaient, en aucun cas, pactiser avec les juifs et les protestants.

Ma mère m'avait raconté comment, dans sa jeunesse, une dame juive roumaine, locataire de ma grand-mère à Vesoul, l'avait initiée aux rites juifs concernant la mort. Il fallait commencer par mettre un bandeau sur les yeux, puis le corps nu était enveloppé dans un drap avant la sépulture.

Cette vision s'est fixée à jamais dans ma mémoire, me poursuivant jusqu'à maintenant.

Ce terrain, bien trop mature pour l'enfant de douze ans que j'étais, a intrigué des vieilles dames qui trouvaient que j'étais un petit être curieux.

L'une d'elles, une voisine, demanda à ma mère si elle acceptait de lui confier sa fille pour lui tenir un peu compagnie.

C'est ainsi que je devins la confidente de cette femme distinguée et solitaire qui m'aida à m'exprimer et me conseilla littérairement, m'apprit la valeur d'un son, d'une écoute.

Elle m'a ouvert l'oreille comme on ouvre l'intelligence et le cœur.

Sans doute, j'ai apporté à tout cela un mystère que seule l'enfance peut concevoir.

Cette dame, clairvoyante, me disait : « Tu liras tout haut, tu te souviendras de ça quand tu seras grande ! »

Je ne sais pas d'où elle venait, je crois qu'elle était la veuve d'un officier supérieur.

C'est curieux de voir comment j'ai été happée dès ma naissance par des gens qui m'ont donné des livres et des textes bien au-dessus de mon âge, dont j'ai été imprégnée toute ma vie, puisque maintenant, presque quatre-vingts ans plus tard, j'en parle encore...

Depuis toujours, le texte vient à moi, je suis née pour le recevoir, il y a des mots qui sont une musique pure, inaltérable.

Il y a aussi les chansons : on chantait plus spontanément autrefois ?

C'étaient des chansons d'il y a soixante ans, ne l'oubliez pas...

Nous n'avions pas peur du ridicule : nous l'étions d'ailleurs, mais si on a peur, on ne vit plus.

Le ridicule, qu'est-ce que ça veut dire ? C'est la simplicité, parfois.

Nous étions méprisés par les jeunes gens « de bonne famille »...

222

Nous étions un groupe d'amis, devenus très sérieux – l'un d'eux a été maire de Lyon ; à l'époque c'étaient simplement des étudiants qui riaient.

Les chansons de Paris m'amusaient, j'achetais ces petites brochures à cinq sous, que l'on chantait partout.

Il y a un grand poète que j'admire : Charles Trenet, qui est devenu légendaire.

Les chansons de ce temps-là avaient de l'esprit, et l'esprit soutenait l'action, la vie de chaque jour. Une chanson disait bien ce qu'elle voulait dire. C'étaient des paroles sur de la musique, ou de la musique sur des paroles, comme on veut, mais cela tenait !

> « Ah, qu'il était beau mon village
> Mon Paris, notre Paris
> On n'y parlait qu'un seul langage
> Ça suffisait pour être compris... »

Ah ! ces chansons-là ne mourront pas. Elles ont encore une résonance dans mon esprit, dans mon oreille ; c'était clair et joyeux.

Il y eut la série des prénoms :

> « Fernande, elle est grande, grande, grande,
> Eléonore, elle a un caractère en or
> Ernestine, tu t'obstines et t'as tort
> Tu t'achètes du 37 en chaussant du 40 fort... »

Toutes ces chansons étaient chantées par les chanteurs des rues qui finissaient immanquablement par « A votre bon cœur, M'sieu Dames ». Le cœur était bon, on était généreux et, en plus, on achetait la chanson...

Elles le faisaient danser, ce cœur !

Votre vocation, comment vos parents la vivaient-ils ?

Ma mère voulait l'ignorer. Pour elle, le théâtre était un lieu de perdition. Elle laissa à mon père la responsabilité de décider. Elle en refusait même la perspective.

Mon père, qui s'était toujours beaucoup intéressé au théâtre, évoqua les périls et dangers de mes choix, me fit promettre d'éviter tout écueil et me dit, pensant toujours à l'opéra : « J'accepterais et aiderais volontiers une fille cantatrice. Jamais une chanteuse ni une cabotine. » Il me voyait à l'Opéra de Paris, ou à la Scala de Milan ou, encore, à la Fenice de Venise.

Je crois l'avoir déjà dit, ce n'est pas mon histoire que je veux raconter mais celle d'une époque, dont j'ai été le témoin, avec des mentalités différentes. Ma longévité m'a permis de voir tant d'évolutions !

La famille a commencé à me prendre au sérieux le jour où j'ai été, pour la première fois, nommée pour la Légion d'honneur. J'étais jeune encore, mais je n'étais pas une gamine.

Jusque-là j'avais été pour eux une petite comédienne, ils pensaient que c'était très bien mais pas plus... Alors quand ils ont vu que j'étais dans la liste des nominations, là ils ont été impressionnés !

Mais dès l'adolescence, vos dons avaient été remarqués ?

Chaque année, avant les fêtes de Noël, le lycée de Dijon qui avait pris, tout de suite après la guerre de 14-18, le parrainage d'un village pour aider à sa reconstruction, donnait une représentation à son bénéfice. Tous les parents faisaient des dons importants.

Pour sa préparation, la directrice me faisait appeler vers le mois de novembre pour me signifier le rôle qu'elle me distribuait, souvent le principal et surtout masculin. Le lycée étant uniquement fréquenté par des filles, il fallait assumer tous les genres.

Cette année-là, elle m'imposa le rôle de Charlemagne dans *La Fille de Roland,* tragédie en vers.

Je pris cela très au sérieux : j'étudiai mon maquillage, je me fis des fausses veines dans le but de me vieillir, me mis perruque et barbe blanche...

Le jour de la représentation, il y eut un épisode assez savoureux : au moment où Charlemagne sortit de sa gaine impériale la fameuse épée Durandal pour la remettre solennellement à Roland, le digne Empereur accrocha le bas de son auguste robe et découvrit... ses jambes de fillette portant des jarretelles !

Ensuite, tous les ans, je fus réquisitionnée pour jouer invariablement les jeunes premiers. Peu à peu, je gagnais une réputation de jeune actrice.

On m'invita au banquet annuel de l'Automobile-Club, sous la présidence de Maître Gaston Gérard qui eut la bonne idée de me faire dire quelques fables de La Fontaine.

Après cette soirée décisive, tout le monde fut convaincu qu'il fallait que je fasse du théâtre.

A vous de jouer

Je pense que Graham Greene avait bien raison :
« **Il y a toujours dans notre enfance un moment où la porte s'ouvre et laisse entrer l'avenir.** »

Vos parents se chamaillaient beaucoup, je crois...

Ils étaient impossibles et inséparables. J'ai envie de relire une lettre que je leur ai adressée, il y a plus d'un demi-siècle, pour leur anniversaire de mariage, et qui dit tout de nous :

« Paris le 24 janvier 1946
Mes chéris,
Je profite d'un instant de repos pour vous dire que si cela vous fait plaisir vous pourrez passer la soirée du 29 janvier – date mémorable ! – avec votre fille en écoutant la Radio suisse de Lausanne qui diffusera à 20 h 15 *La Dame aux camélias*. Si vous en avez le courage, écoutez le Ve acte – c'est la meilleure restitution vocale que j'aie entendue de moi – tout au moins quand je l'ai entendue sur disques aux studios mêmes de Lausanne.
Hier soir, X est allé avec Y à la première de *Tant que je vivrai*, moi j'étais morte de fatigue. Il pourra donc vous donner un compte rendu. Je ne peux pas finir *L'Idiot* avant le 10 février et comme je dois partir le 13 en tournée, je ne vois pas comment je pourrai venir à Lestiou. Mais si maman veut venir quelques jours à Paris avant mon départ, cela me fera plaisir !
Comment va-t-elle, notre chère grande petite fille de mère ? Est-ce qu'elle est un peu sage ? Est-ce

226

qu'elle se repose, comme elle me l'avait promis ? J'ai bien peur que non. Puisque ce mardi 29 évoque le jour lointain ! où vous vous êtes unis pour commettre le monstre que je suis – je souhaite que vous continuiez à vivre le plus longtemps possible, tout en vous chamaillant journellement car vous êtes incorrigiblement bêtes ! et qu'au 50ᵉ anniversaire vous vous rendiez enfin compte que vous êtes faits pour vivre ensemble – et que rien d'autre n'a d'importance, rien ! que votre santé... et votre bonheur. Vous avez le devoir de me donner cette joie-là, à moi, qui n'en ai pas tant !

Si donc madame mère veut venir, qu'elle arrive au milieu de tout mon infernal remue-ménage cinématographique et théâtral qui commence à me lasser.

Je vous embrasse très tendrement, E. »

C'est un bel amour...

Oui, un bel amour. Je me suis toujours considérée d'une manière ou de l'autre comme leur enfant.

Chaque fois que je terminais une pièce ou un film, je revenais vers eux.

Chaque fois que j'entrais dans un rôle, je m'éloignais d'eux, parce que j'y étais obligée...

Chapitre XI

L'ÉCHO DES PRIÈRES

Je dois la recommander à Votre bonté, mon âme, au travers des branches elle retrouve l'âme de tous ceux que j'ai aimés, quelle belle compagnie de pêcheurs d'étoiles se promènera dans Vos nuages !

Toutes les religions, aussi anciennes soient-elles, se sont exprimées dans leur magnificence, leur dévotion. Sur tous les continents, elles ont été des vecteurs de beauté.

Je suis persuadée que les religions monothéistes ont compris qu'il fallait accompagner la croyance par une forme de séduction artistique qui instruisait les fidèles, les monuments en sont les témoins : le Duomo de Milan, les Béguinages de Bruges, les cathédrales de Reims, Albi, Chartres... L'abbaye de Saint-Mihiel ! Saint-Sernin à Toulouse ! Le Mont-Saint-Michel !

Ce qui me paraît le plus beau, c'est la notion du pardon : « **Pardonnez-nous nos offenses, comme nous pardonnons à ceux qui nous ont offensés...** »

Si ces lignes voient le jour, j'aimerais que l'on soit certain que ce ne sont pas des mémoires, ni de la philosophie, ni même un enseignement pour quiconque.

Simplement quelques bribes de souvenirs, quelques réflexions sur un siècle que j'ai traversé.

A vous de jouer

Avec l'étoile du destin ?

Je me suis toujours posé la question de la destinée.

Le ciel me paraissait un grand espace bleu envahi de parachutes. Pourquoi ces parachutes ? Comment choisissent-ils ceux qui méritaient de vivre ou ceux que le vide allait absorber, avaler ?

Eternelle question !

La vie était donnée ou retirée à certains.

Le ciel, au-dessus de ma tête, me paraissait un tribunal qui décidait de la vie et de la mort : il y avait ceux qu'on retenait et ceux qu'on lâchait dans le vide du néant.

Mais qui détermine, qui décide de ces vies, de ces morts ?

L'angoisse de ne pas trouver de réponses m'a fait écrire, un jour, au père Jean Orliaguet, une lettre désespérée, et c'est ainsi que je retrouvai un admirateur et un ami de ma jeunesse.

Il a compris ma détresse. Il avait subi, en Allemagne, une captivité douloureuse. Il était devenu aveugle. Il promit à Dieu de se vouer à Lui s'il recouvrait la vue.

Pendant toute sa captivité, il a prié et, lorsqu'il revint en France, ayant retrouvé la vue, il devint prêtre.

Je ne connaissais rien de son histoire, je savais seulement qu'il avait assisté avec enthousiasme à une soirée des Molières, du haut du poulailler. Ce soir-là, la salle, debout, m'avait applaudie pendant de longues minutes...

Après le « grand chambardement » dont j'ai déjà

232

parlé et l'abandon de tout ce qui avait fait mon intérêt et ma joie dans la vie, je me sentais seule, désarmée, pantelante. Après tant d'honneurs reçus, de marques de succès, d'estime, d'amitié, je traversais une crise terrible de solitude, d'isolement. Je n'avais jamais connu un tel état, je sentais qu'il me fallait un soutien.

Je lui ai écrit cette lettre mouillée de larmes.

Il vint aussitôt à mon secours. J'étais tellement émue, tellement désarmée que je pleurais, je sanglotais. J'étais en perdition.

Il accepta très simplement de me baptiser dans le salon où il m'avait vue pleurer. Cela en présence de deux marraines. Je retrouvai la paix de mon âme, mon équilibre. J'étais bien !

Je réponds à vos questions, parce que j'ai promis de témoigner qu'après une vie où je me suis sentie orpheline de toute foi, je sais maintenant que la bonté lumineuse de Dieu est la source de paix et de sérénité.

Le désir de rejouer au théâtre me revint.

Alors que je pensais avoir terminé ma carrière, je recommençai une nouvelle vie et ce n'est que quelques années plus tard que je fis mes adieux à la scène.

Etre sur scène, c'est le don absolu de soi ?

Absolument absolu. Nous sommes l'instrument d'un prodige.

Nos faiblesses sont plus faibles que la vie qui travaille en nous.

J'étais destinée à la vie que j'ai eue.
C'EST UNE VOCATION.

*Ce qui est tellement beau chez vous c'est de voir que le
temps est là et qu'il vous oublie...*

Le temps, qu'est-ce que c'est ? Une minute, une
heure, une année d'une vie ? Parfois, la nuit, je suis
persuadée que des heures ont passé... en fait, c'était
une minute qui m'a paru aussi longue qu'une nuit
entière.

Le temps ne m'oublie pas, au contraire !

A chaque instant, il me rappelle son inexorable
déroulement. Nul ne sait.

**Nul ne peut prévoir... le temps qui nous sera
accordé.**

Il y a des moments où je me suis abandonnée
franchement, où je me suis laissée aller, il y a
quelques années.

Heureusement, Jean-Luc Tardieu m'a redonné
confiance en moi :

« Mais, non, qu'est-ce que vous croyez ! C'est
parce que vous ne vous aimez pas !

– Non, je ne m'aime pas, je ne me suis jamais
aimée !

– Les autres vous aiment, ça ne vous suffit pas ? »

Avec une parfaite bonne foi, j'ai répondu :
« Non, ça ne me suffit pas... »

Mais cet homme m'a redonné courage et
confiance en moi.

Aujourd'hui vos livres de chevet élargissent encore le
fleuve des mots...

Un mot est juste comme une peinture. Imparfait,
il crée une disharmonie. « Les sons et les parfums
tournent dans l'air du soir. »

La Fnac m'a demandé un jour une sorte de petite
conférence publicitaire. J'ai osé affirmer que Baudelaire était un grand poète, et une voix s'est élevée
et m'a répondu : « Qui connaît Baudelaire ? »

J'ai la chance de vivre à une époque qui m'a fait
le cadeau si précieux des sons de Baricco, le jeune
poète italien. J'ai d'abord lu en français, puis dans
sa langue qui est si belle, son livre, *Soie*, un chef-
d'œuvre, que j'ai évoqué déjà.

J'ajoute encore le plaisir que m'a donné Jean-
Paul Enthoven par son livre *Les Enfants de Saturne*.
C'est un parfait styliste et, enfin, j'ai beaucoup aimé
le *Vivant Denon* de Philippe Sollers. Voyez comme
je passe mes nuits en bonne compagnie...

Vous avez toujours senti une certaine protection, comme
une étoile qui reste là pour vous ?

Pas seulement pour moi, j'espère !

Il y a quelqu'un qui tient la toile au-dessus de
nous, peut-être pour nous protéger, peut-être aussi
pour nous cacher. En tout cas, je vous assure que
l'on sent Sa présence quand on est en scène. Une
sensation de soulèvement, de soulagement, d'aide
en un mot.

Chez vous palpite toujours l'énergie spirituelle d'une mystique...

Pourquoi dire toujours ? Encore !
Il y a longtemps, à mes débuts, à la question qu'on m'avait posée de donner une devise person-nelle, j'ai répondu : « Chacun pour tous et... Dieu pour moi ! »
Je crois que Dieu est un besoin de l'homme. Soixante ans après, je peux réaffirmer que Dieu, pour moi, c'est Yahvé, Jésus, Mahomet...
C'EST L'UNIVERSEL.

Vous avez reçu un sentiment d'élection, quand même ?

Pourquoi ? Ce que j'ai appartient à tous, c'est le plus grand cadeau fait à l'homme :

L'AIR.

On ne dira jamais assez combien l'air que nous respirons nous aide à vivre. C'est cet air que je res-pire, que vous respirez... qui nous lie dans la chaîne de la vie. Il n'y a aucun élitisme en cela.
Dieu existe quand on est bien, quand le monde est bon.
Dieu existe, par exemple, pendant ces Journées de la Jeunesse où le Pape est ici, en France.
C'est un beau cadeau qu'il fait à notre pays.
Des gens très simples et même des incroyants ont été capables d'organiser des manifestations respec-tueuses et ferventes où tout le monde, petits et

grands, s'est montré recueilli. Ils ont donné un exemple de calme, de dignité, de respect.

Ce respect humain amène au vrai amour.

Vous vous sentez proche de Jean-Paul II ?

Il a été acteur, auteur de pièces dans sa jeunesse. Maintenant qu'il est un vieil homme fatigué et courageux, il dégage une force de conviction qu'il sait faire partager. Il est devenu ce très grand personnage qui œuvre tellement pour le rapprochement des peuples ! Dans ce Paris actuel, bouillant de chaleur, j'imagine ce que doit être son épreuve : il devrait s'écrouler. Il tremble. On lit l'effort qu'il fait pour se souvenir de ses textes. Une force le pousse, le soutient. Il se tue à l'œuvre et c'est peut-être ce qu'il souhaite d'ailleurs. Oui, il me touche infiniment. Moi qui connais, comme lui, la douleur physique, je dois dire très respectueusement que j'admire son courage.

Une des images qui m'ont le plus émue et restent toujours présentes à mes yeux, à mon cœur, c'est cette photographie du Pape parlant à l'oreille de son « meurtrier » dans sa geôle, le confessant et lui apportant son pardon. Il y avait dans ce geste tant de secrète union ! Tant de mystère aussi et de grandeur réelle.

Loin de la solennité, le symbole était d'une pureté, d'une simplicité nées de la profondeur de l'âme !

Pour quiconque a la foi sans le savoir, l'absolution de Jean-Paul II a été un révélateur, un « déclencheur ». Moi qui n'avais jamais été pratiquante, j'ai compris soudain toute l'amplitude du pardon chrétien. L'image était si belle, au-delà de la religion, elle exprimait toute la force de l'union des êtres dépassant les frontières, les croyances ! C'était le premier pas vers cette universelle compréhension, l'acceptation de l'autre qui, jusqu'à présent, ne se sont pas encore réalisées.

En le regardant ici, un souvenir m'est revenu. La princesse Grace de Monaco m'a fait l'honneur de participer à l'inauguration de son théâtre, j'ai fait un petit discours et j'ai essayé d'amuser ses Honorables Invités en leur affirmant que le meilleur moyen pour devenir acteur était de commencer par être ou comédien... ou pape !

En tout cas, je peux vous affirmer que dans ce mois d'août torride, nous avons tous oublié, pendant une nuit avec cette jeunesse du monde, la bassesse, la vulgarité, la grossièreté.

Ma grand-mère et ma mère m'ont enseigné à prier, je répétais ces mots en ne pensant à rien, comme font tous les enfants. Par contre, je me souviens de la profonde émotion auditive que j'ai eue en entendant ces mêmes prières en latin. La sonorité me touchait et maintenant encore, après des années, c'est toujours en latin que je prie. Quoi de plus beau que « *Sancta Maria, ora pro nobis* »...

Cette nuit d'août, en entendant avec patience et recueillement le grand événement, je croyais revoir le film de Fellini *Satyricon* qui m'avait fait comprendre de quelle manière tous ces riches

Romains quittaient leurs maisons, abandonnaient tout, leurs anciennes idoles, pour croire soudain en un seul Etre Suprême, pour suivre *la parole*. C'était très beau. Leurs maisons restaient abandonnées, vides ; quand la soldatesque romaine arrivait, elle ne trouvait plus personne.

Il y a un côté un peu fou dans cette propagation de la Foi. C'est le destin du cœur ?

Il faut toute une vie pour découvrir ce que c'est que la Foi. C'est le cœur humain qui découvre la Foi. Tous les sens l'exigent, comme une nécessité intérieure. Ce prêtre qui m'a baptisée, tout simplement, avec des paroles justes et essentielles... « Vous aviez la Foi depuis toujours, seulement vous ne le saviez pas »...

Je me souviens des églises de mon enfance, pour le paysan italien la *chiesa* était très importante. Plus tard, près de Chambéry, Notre-Dame de Mians, une petite crypte avec sa Vierge Noire, miraculeuse, m'a beaucoup attirée.

Elle est là, toujours, témoignant de la Présence universelle qui lui avait donné la force d'arrêter les rochers, il y a quelques siècles, lors de l'éruption du mont Granier.

Souvent, le dimanche soir, j'allais aux vêpres écouter un prêtre qui tançait ses ouailles : « Qu'est-ce que ça veut dire, de venir communier le ventre plein ? » Puis, ce même homme racontait à ces paysans l'histoire du pilier de Notre-Dame de Paris et comment Claudel avait découvert la Foi.

La vie est un peu malmenée par le progrès, non ?

Le monde progresse, il s'abîme.

Le progrès se paie très cher car il en vient à la suppression du travail. Les robots n'ont plus besoin de l'être humain. On tue l'homme. Avec le temps, je n'ai pas l'impression que l'humanité ait beaucoup avancé spirituellement.

Les progrès techniques sont énormes, ils vont trop vite mais le cœur humain stagne.

Avec la régression sociale qui s'est développée cette dernière décennie, on assiste à une multiplication d'œuvres caritatives qui essaient d'aider tous ceux qui restent « au bord de la route ».

Conviée à donner une représentation dans un Centre d'adolescents handicapés, j'ai demandé à la directrice, après le spectacle : « Pouvez-vous les rendre heureux ? » Elle m'a répondu : « Non, les enfants préfèrent leur foyer, même pauvre, à une belle institution... »

La compassion est un chemin difficile, on ne peut pas s'en tenir à la surface. Il faut beaucoup de savoir-faire, d'intelligence, de respect de l'autre.

Le malheur frappe où il veut.

Depuis longtemps, un médecin vous aide à franchir les ans : que dire de lui ?

Le docteur Christian Duraffour est un médecin atypique, unique, qui a des patients venus du monde

240

entier, qui enseigne au Brésil, qui se déplace à l'étranger, parfois gratuitement. Il a sauvé des vies et redonné des années d'existence à beaucoup de gens.

Je l'ai connu étudiant, déjà séducteur. Quelques années plus tard, il fut très vite un médecin connu.

Pendant quarante ans, il m'a prodigué ses soins. Il fallait, bien entendu, croire dès le début aux méthodes variées qu'il inventait pour guérir. Ce que je fis. Il garde chaque client une heure et plus, et parfois pendant trois heures, examinant lentement tout le corps. Ensuite, pendant une heure, il cherche, il invente... Il fallait une grande patience, une grande confiance.

Les pauvres comme les riches ont droit aux mêmes intentions, aux mêmes recherches, à la même générosité profonde. Il en vient parfois à oublier le patient suivant ! Il passe lui-même des nuits auprès de malades, donne des consultations à des heures imprévisibles.

Je lui dois beaucoup et je suis sûre qu'on parlera de lui un jour comme un des grands de la médecine, à la fois comme inventeur et comme être humain.

C'est un des hommes les plus curieux, généreux, intéressants que j'aie jamais rencontrés. Un bienfaiteur.

Quels personnages du passé ou du présent vous ont encore inspiré de l'admiration ?

Ah ! voilà une réponse qui va prendre des pages et des pages : j'ai l'admiration facile !

D'abord, Sa Majesté la *Old Queen Mary* d'Angleterre que j'allai voir, à neuf heures du matin, dans une température pluvieusement londonienne, inaugurer une école. Elle tenait son parapluie comme un sceptre. On dit qu'un matin elle vit arriver dans sa chambre la reine sa bru, l'actuelle reine-mère (*Queen Mamy*), pour lui annoncer la mort du roi, époux de l'une et fils de l'autre. Elle était négligée, au saut du lit, décoiffée. La vieille reine lui dit : « Allez vous coiffer et, quand vous le serez, vous viendrez m'annoncer la mort du roi... »

Charles de Gaulle : aussi grand que les plus grands rois, il représente la France. Il parlait de son pays comme de sa propre chair. Il avait des formules lapidaires : « La réforme, oui, la chienlit, non... » C'était court, mais fort.

Aujourd'hui, sans le comparer à quiconque, Jean-François Deniau m'émeut et me remplit d'admiration. Bien que malade, il accomplit des exploits, de grands voyages dont il revient riche d'expériences nouvelles, d'émotions qu'il nous fait partager. Sa position atypique dans un monde politique qui se cherche et ne se trouve pas lui laisse une grande liberté de langage.

Il y a toutes les grandes actrices qui m'ont émue : Anna Magnani, Alida Valli, Maria Schell,

Vanessa Redgrave, la fille de sir Michael Redgrave, qui est à mon avis la plus grande actrice anglaise.

La grande Française actuelle, pour moi : la

242

superbe **Fanny Ardant** (sublime dans *Masterclass*).
Elle m'a émue aux larmes.

Il y a encore une grande actrice française dont on
parle peu mais qu'on n'oublie pas. Elle s'appelle
Maïa Simon.

Mitterrand était un merveilleux acteur que j'ap-
préciais pour la performance du personnage. Un
homme qui s'est construit, qui s'est réussi. Il a su
imposer une forme d'admiration pour sa personne ;
il s'est créé une sorte de royauté avec beaucoup de
charme et, parfois, de l'humour. Il était multiple.

Il a joué son rôle jusqu'au bout, servi par une destinée qui lui a permis une sortie de scène en beauté
et en émotion. Même ses obsèques ont été doubles :
à la solennité de Notre-Dame, s'est opposée l'émou-
vante simplicité de l'église de Jarnac.

Et le président d'aujourd'hui ?

Il était un bien beau garçon, il a gardé du charme,
de la chaleur. C'est un président-ambassadeur qui
représente bien la France et la fait aimer. Il a su me
toucher, il n'y a pas longtemps, en parlant de mon
sourire... « Un sourire qui dit la vie, qui dit l'espoir. »

*L'avenir nous appartient-il ? Le temps qu'il fait sur le
monde est-il meilleur ?*

Rien ne nous appartient.

Rien.

Le passé pas plus que le présent, ce témoignage d'événements que nous n'avons pas connus, que nous cherchons à comprendre.

Le passé, c'est aussi la culture et l'enrichissement pour ceux qui s'en approchent. Aujourd'hui, de tout ce mal que l'on connaît, de toute cette difficulté d'être pour l'humain, j'espère qu'il va sortir quelque chose de meilleur.

Eh bien, que cela arrive *vite,* avant qu'il ne soit trop tard, *vite* !

Jouer, c'est un rêve hors du temps ?

Le temps n'a jamais existé pour moi, ai-je existé moi-même ? J'étais à la disposition de personnages et de créatures féminines, c'est tout. Je me suis mise dans leur peau, j'ai été une interprète, j'ai essayé de donner la couleur de ma vie, de mon âme, et de mes sentiments à des figures qui n'étaient pas tout à fait moi-même, de leur prêter une originalité.

Il y a évidemment un prix à payer pour ce don de soi. La vie nous apporte, comme à chaque individu, le bonheur et le malheur. Il faut parfois résister ou s'abandonner totalement, c'est-à-dire risquer de ne plus vivre.

Vous vouliez parler de la joie et de l'épanouissement, comme si on les oubliait trop souvent dans la vie ?

« Le bonheur est un éclair. Il vous éblouit et vous aveugle, on ne le reconnaît qu'après son passage, avec stupeur et nostalgie. »

Ce matin d'août j'ai écrit un rêve que j'ai fait :

J'étais sur une plage au petit matin, vraisemblablement sur la Côte d'Azur, à la fin d'une nuit de cinéma, peut-être le festival de Cannes. Tout à coup un homme venait vers moi que je n'avais jamais rencontré, c'était... ah ! un bel acteur américain dans la force de son âge, avec beaucoup d'allure. Puis, il en arrivait un autre. Ils ne savaient pas qui j'étais, mais me tenaient des propos courtois, charmants. Je leur ai dit que, moi, je les connaissais pour leur célébrité hollywoodienne. Ils sont repartis ravis, et m'ont laissée là... sans avoir l'idée de demander ce que je faisais dans la vie. Ils se sont dit : « Pas mal, cette Française qui nous parle de notre métier comme ça !... » C'est tout à fait sorti d'un sommeil d'actrice, non ? Les rêves m'ont beaucoup conduite dans ma vie, dans mes rôles.

Cela fait quelques années que je ne joue plus, mais je continue par ces lourdes nuits torrides du mois d'août à rêver.

C'est comme une source où l'on puise.

Peut-on partager son expérience, la transmettre ?

« Je n'en sais pas plus que si j'étais morte à trente ans. »

Je ne crois pas aux leçons données.

Il faut qu'il y ait une certaine connivence de goût et de tempérament entre deux êtres qui ne sont pas du même âge ni du même milieu, pour arriver à faire un duo. C'est très difficile, je l'ai vu parfois avec des camarades qui étaient tellement distants intérieurement... Alors, avec l'âge, le désir m'est venu de mieux comprendre les autres, d'écouter ceux avec lesquels j'ai mené le combat et la victoire, ou le combat et la défaite.

La victoire alors, c'est le partage...

Comment souhaiteriez-vous qu'on se souvienne un jour de vous ?

Je n'y ai jamais songé. Maintenant on ne peut plus se souvenir de moi que comme une très vieille personne qui a eu une vie mythique : « Ah, si tu l'avais vue quand elle avait... » J'aimerais qu'on se souvienne du meilleur moment de ce que j'ai fait, mais il pourrait se placer parfois à vingt-cinq ans, parfois à cinquante ou soixante-dix ans ou dans mon dernier spectacle.

Avez-vous envié parfois d'autres vies ?

Non, la mienne m'a suffi. Elle n'a pas été mal, avec ses bonheurs et ses malheurs.

Il y a des belles vies, des vies complètes, des vies longues. Lorsque, une à une, elles ont disparu autour de moi, j'ai eu l'impression de ne pas les perdre car je continuais à les porter en moi.

Toutefois, c'est difficile de ne pas avoir de peine, parce que le cœur, parfois, nous échappe.

Mille et une fois à la scène vous êtes passée dans l'autre monde...

Uzigli, un écrivain en langue espagnole de pièces historiques, est venu me voir au Théâtre Hébertot pour parler avec moi d'une pièce sur l'empereur Maximilien et Charlotte...

Il arrive dans ma loge, il était bouleversé : « Vous permettez que je m'asseye, je ne me sens pas bien...
– Que peut-on faire pour vous ? Mais pourquoi ?
– Mais parce que vous venez de mourir ! »

Oui, je suis morte tant et tant de fois... théâtralement !

La mienne arrivera bien un jour, probablement plus tôt qu'on ne pense...

Oh, cette nuit j'ai eu une sorte d'hallucination, qui a dû correspondre à l'instant de la mort de la princesse Diana... Je ne dormais pas, et j'ai eu une impression extraordinaire, j'ai senti ma tête qui partait, qui tourneboulait, vraiment la sensation d'un malheur, et puis j'ai appelé... Je ne sais pas ce qui m'est arrivé !

J'ai vraiment eu la certitude que ma propre mort s'accomplissait.

« Et si j'étais moi aussi cette personne abandonnée sous les étoiles et qui attend un commandement... » J'ai toujours attendu un commandement de la vie.

Avant de nous quitter, ce 31 août, permettez-moi de relire avec vous un des textes que vous avez écrits pour votre dernière apparition, au Théâtre de la Madeleine :

« Je n'ai jamais connu de bonheur plus intense que celui de me sentir vivre sur un théâtre une vie magnifiée : l'amour, la haine, la passion du pouvoir dans la vie vécue, m'ont souvent fait l'effet de tristes ravaudages, mais leur action sur la scène me porte à l'état de jubilation telle qu'il me fait oublier la souffrance, les tracasseries, les rivalités et la mesquinerie. Je plane, soutenue par mes ailes étendues, immobiles, c'est peut-être cela le péché de l'acteur, mais c'est dans cet état qu'il rejoint la grâce du mystique. »

Je vous ai apporté un jour une dédicace du philosophe Gustave Thibon : « Pour Edwige Feuillère, dont l'art ignora le masque et fit transparent le voile »...

Merci à vous... Quel hommage au mystère de la rêveuse éveillée ! Le voile, c'est mon ultime promesse, la plus haute lumière qui couronne ma vie et qui l'emporte...

Et s'il ne reste rien, c'est que tout aura été donné.

DERNIÈRES PAGES...

Mais tout a-t-il été donné ?

Non, car tout recommence ! Aujourd'hui je donne quelques noms qui, je l'espère, resteront inscrits pour la postérité, les petits enfants de mon cœur. Je nomme :

Philippine Alvarez (18 mois). Hispano-eurasienne. Petite poupée d'une grâce innée, elle a tout le charme mystérieux de l'Orient. Des mains ravissantes et des pieds !... Déjà d'une coquetterie inquiétante pour ses soupirants de l'avenir. On fêtera son deuxième anniversaire en décembre prochain mais, dès aujourd'hui, une féminité précoce se dégage d'elle. Elle semble comprendre qu'elle est très intéressante, très exotique, très tout, quoi ! Il n'y a plus qu'à applaudir ! Ce qu'elle-même sait déjà faire en battant ses petites mains l'une contre l'autre.

Océane Perret-Diot. Bourbonnaise fort belle, comme l'indique son prénom. Petite démone. J'ai eu des démêlés avec elle à la sortie d'une piscine. Sa mère l'avait dans les bras, me la présentait enveloppée dans une grosse serviette-éponge qui, glissant, dévoila son petit sein d'enfant. Ayant l'audace de toucher ce petit point rose, elle me foudroya du regard. J'ai cru qu'elle allait me tuer ! Tant de caractère laisse présager un bel avenir. Ses vingt mois sont prometteurs !

Bryan, qui n'a pas encore deux mois et qui, dans les bras de son papa, semblait ne pas voir le monde. D'immenses yeux bleus, pas encore éveillés, m'ont fascinée. Je suis restée à parler avec son père, espagnol. Après vingt minutes d'échanges de vues difficiles sur le monde et son inégalité – Bryan étant son troisième enfant –, je me suis mise à regarder le bébé dans les yeux et à lui sourire de mon célèbre sourire bouddhique, celui qui relève les coins de la bouche et, peu à peu, en remontant ses lèvres, il m'a regardée, vraiment regardée et s'est mis à sourire à son tour, à mon imitation.

Le père et moi, nous pleurions de joie. Voir le premier sourire d'un enfant a été le dernier cadeau de ma vie... et le plus beau...

« A VOUS DE JOUER »

Le théâtre est un divertissement. L'acteur un mes-
    sager.
Le mot est quotidien, la parole est divine.
Et s'il ne reste rien, c'est que tout aura été donné.

RIEN

RIEN

RIEN

Table

Cet ouvrage a été composé
et achevé d'imprimer sur Roto-Page
par l'Imprimerie Floch à Mayenne
pour les Éditions Albin Michel
en novembre 1998.

N° d'édition : 17988. N° d'impression : 44955.
Dépôt légal : novembre 1998.
Imprimé en France.